„Vorzüglich muss ein Biograph die Gestalt seines Helden ihm gleichsam vom Antlitz zu reißen wissen, wenn er dieses Namens werth seyn will." Johann Gottfried Herder

Jenkins in der Manege, dreißiger Jahre

Michael Zaremba

BILLY JENKINS –
MENSCH UND LEGENDE

Ein Artistenleben

Hansa Verlag

Umschlagbilder: Kunstschütze ‚Captaine Bill Jenkins', ca. 1908 (vorne),
Werbeplakat aus den zwanziger Jahren (hinten)

Die Deutsche Bibliothek

Ein Titeldatensatz für diese Publikation ist bei
Der Deutschen Bibliothek erhältlich

Satz und Lithographie: Fotosatz Husum GmbH
Druck und Verarbeitung: Husum Druck- und Verlagsgesellschaft
Postfach 1480, D-25804 Husum – www.verlagsgruppe.de

ISBN 3-920421-77-9

GELEITWORT

Als ich in meiner Jugend im Katharineum zu Lübeck die Schulbank drückte – wie weiland Thomas Mann – wurde ich von einigen Lehrern belächelt, als ich Interesse an der Gestalt von Buffallo Bill zeigte.

Ein wesentlich schwerwiegenderes Vergehen war, dass wir die kleinen Heftchen mit dem schwarzblauen Titelbild lasen, die ein Porträt des Helden in einem kleinen Kreis zeigten. „Billy Jenkins lebt!", hieß es auf der Rückseite. Und alle Schüler, die diese Hefte rege untereinander austauschten, hegten keinen Zweifel, dass dieser Mann wirklich existierte und die Abenteuer selbst erlebt hatte.

„Es gibt keine Cowboys mehr", wurde uns gesagt, „es ist lange damit vorbei." Ich habe damals diese endgültige Anwort nicht akzeptiert. Als im Vorwort zu Heft Nr. 7, „König der Cowboys", die Rede auf die Cheyenne Frontier Days, das Pendleton Round Up und die Calgary Stampede kam, sagte ich mir: „Wenn die Stampede wirklich das größte Rodeo der Welt ist, dann muss da so einiges vom Wilden Westen übrig sein." Meine Erwartungen wurden nicht enttäuscht.

Auswanderungspläne wurden Wirklichkeit, und schon zwei Monate nach meiner Ankunft in Calgary bestieg ich das erste Cowboy-Pferd auf einer großen Ranch. Erst viel später erlernte ich das Trick Roping (Lasso-Drehen), obwohl ich bereits als Junge meine ersten Versuche mit einer Wäscheleine gemacht hatte. Heute hängt ein richtiges Lasso an meinem Sattel.

Vor acht Jahren begann ich mich erneut mit Billy Jenkins zu beschäftigen, angeregt durch ein Gespräch mit dem Schauspieler Hardy Krüger, der zu Fernsehaufnahmen in Banff/Kanada weilte.

Bei meinen Recherchen zum Thema Billy Jenkins bin ich bei Leuten, die mir gewiss hätten helfen können, auf Widerstand gestoßen. Andere haben mir selbstlos Informationen und Bildmaterial zur Verfügung gestellt.

Meine Nachforschungen, die sich auf Behauptungen stützen, dass Billy in amerikanischen Rodeos und Zirkussen aufgetreten sein soll, sind negativ verlaufen. Billy konnte nicht ahnen, dass ihm so viele Jahre später ein anderer deutscher Cowboy auf die Spuren kommen würde.

Ich zähle ihn zu den großen „Lügenbaronen", wie Münchhausen, Karl May und eben – Billy, und das ist nicht abwertend ge-

meint. „Billy Jenkins lebt" – in unserer Erinnerung, unserer Fanta-
sie und in diesem Buch.

Der Cowboy und die Cowboy-Kultur leben; sicherlich nicht wie
in den schwarzblauen Heften oder in den Abenteuergeschichten
eines Karl May, sondern in einer zeitgemäßen Form.

Ich wünsche, ich könnte das jetzt meinen ehemaligen Lehrern
beweisen!

Frank Holt
Calgary/Kanada, Oktober 1999

Die Erinnerungen
lieber Heinz
sind das einzige Paradies
aus dem man
den Menschen
nicht vertreiben kann

Dein Freund Bruder
FfM, Mai 2000

VORWORT

Als Berliner Jungs hatten wir in den dreißiger Jahren viele Hobbys. Wir schmökerten unter anderem „Rolf Torring" oder „John Kling", natürlich auch die „Billy-Jenkins-Hefte". Die Cowboy- und Indianer-Schwärmerei hatte viele Vorläufer. Denken wir an Karl May, die Circus-Gastspiele von Sarrasani oder bereits um 1900 an den sensationellen Auftritt der Buffallo-Bill-Show in Europa. Auch der amerikanische Film – besonders Tom Mix – lockte uns in die Kinos. Auf den Schaubuden der Rummelplätze entwickelte sich dieses Genre, ob mit Lasso-Spielen oder Messerwurf-Nummern. Diesem Trend folgten viele Artisten, die sich durch Trick-Schießerei produzierten. So verzauberte auch Billy Jenkins seine Zuschauer, besonders die Jugend, die zusätzlich durch die Hefte und Bücher animiert wurde. Das war eine Werbemethode, die wohl einmalig war. Wir haben diese Schmöker, die voller romantischer Abenteuer waren, verschlungen. Berlin war um diese Zeit die Metropole der Unterhaltung, ob im Wintergarten-Varieté, der Scala, der Plaza, im Theater des Volkes, im Prater oder im Puhlmann-Theater; sogar die vielen kleinen Bühnen, Volksfeste und Gartenlokale brachten Unterhaltungs-Programme mit Wildwest-Einlagen. Außergewöhnlich war aber Billys Dressur von Greifvögeln! Zwei- oder dreimal erlebte ich diesen Dressur-Cowboy auf den Bühnen der Plaza und des Wintergartens, was mich sehr beeindruckte und haften blieb.

Erst nach 1945 – wie der Zufall es wollte – besuchte ich die Arena Astra im Berliner Zoo, wo es auch „Cowboy-Spiele" gab. Fritz Dillenberg, Gründer des ersten Circus Museums, hatte auf dem Zoogelände zwei Wohnwagen stehen und stellte sich damals erstmals der Öffentlichkeit vor. Unter den zahlreichen Besuchern tauchte plötzlich Billy Jenkins, der „König der Cowboys", auf! Er war das redegewandte Abbild eines „Rekommandeurs", der die Anwesenden – Fritz Dillenberg, den Athleten Waldemar-Glässer-Jagendorfer und den Elefanten-Dresseur Hundrieser – kaum reden ließ und außer Atem kam. Trotzdem war es ein beeindruckendes Erlebnis, diesen fast totgesagten, durch einen grausamen Unfall verletzten Menschen persönlich zu sehen.

Wenn in dieser Biographie seine Lebensgeschichte in allen Facetten dargestellt wird, muss stets bedacht werden, dass seine Legenden ein Schutzschild waren, um als Jude unerkannt durch diese traurig-böse Zeit zu kommen. Der Autor Michael Zaremba hat durch seine Berliner Jenkins-Ausstellung, den Erinnerungsabend im Dezember 1998 sowie zahlreiche Veröffentlichungen zum Thema gezeigt, dass er auch die „Schattenseiten" der Künstlerexistenz mit Einfühlung und Engagement zur Darstellung bringt.

Jonny Markschiess-van Trix
Historiker für Artistengeschichte
Berlin, Oktober 1999

I. Einleitung

Gespräche über Billy Jenkins beginnen meist mit der skeptischen Frage, ob es diesen Menschen denn wirklich gegeben habe. Im kollektiven Gedächtnis der Bevölkerung ist häufig eine dunkle Erinnerung an jugendliche Leseerlebnisse vorhanden, die mit dem Auftreten einer heldenhaften Wildwestgestalt in Verbindung gebracht wird. Aber die Frage nach dem Realitätsgehalt der Figur, nach der Person, die hinter dem romantisch idealisierten Helden steht, wurde selten gestellt und bleibt bis heute für die meisten unklar. Je nachdem, welcher Generation ein Gesprächspartner zum Thema Jenkins angehört, kann er sich mehr an die eigene Begegnung mit dem Artisten oder an die spannenden Hefte und Romane erinnern. Die Persönlichkeit von Jenkins bleibt selbst für Zeitgenossen nebulös und unwirklich, tritt hinter der Schauseite einer genialen Cowboy-Maskerade und Heldenfigur zurück. Jenkins bestärkte mit der Art seines Auftretens den Aufbau einer Legendenbildung, die Vermischung mythischer und wirklicher Konturen seines Daseins. Das Verdecken eigener Schwächen und angeblichen Makels seiner Herkunft, das sich unter anderem in seinem Namenwechsel ausdrückt, führte zu einem Schutzpanzer, den er um sein Inneres legte. Es wird deshalb im Folgenden auch nach der Persönlichkeit von Jenkins hinter der glamourösen Fassade eines Flitter-Cowboys und Superhelden gefragt.

Der Lauf der Zeit hat viele Reminiszenzen an Jenkins ausgelöscht. Zeitzeugen sterben, Erinnerungen verblassen oder werden legendenhaft überhöht. Desinteresse, Gleichgültigkeit in einer überwuchernden Medienlandschaft machten sich breit. Die Bühne der Unterhaltung betreten neue Helden, denen die Aufmerksamkeit gehört. Lediglich in kleinen Gruppen von Sammlern, Fans und Liebhabern werden Überbleibsel jener Zeit in Ehren gehalten. Der verblassende Mythos vom Westmann Billy Jenkins wird ein halbes Jahrhundert nach seinem Tod von einer kleinen, über ganz Deutschland verbreiteten Fangemeinde beinahe kultisch verehrt. Durch Romanbörsen, Heftnachdrucke, Zeitschriftenartikel und umfassende Sammleraktivität wird das Andenken an den „Westmann" gepflegt. Die Romanheftsammler entwickeln zuweilen eine besonders starke Energie, um ihre lückenhaften Bestände aufzufüllen.

Jenkins, der zur Zeit seiner größten Erfolge als Künstler europaweite Popularität genoss und durch die Romanhefte im deutschsprachigen Raum eine berühmte Figur wurde, sollte indes nicht nur Gegenstand der Verehrung treuer Anhänger sein. Er war als populäre Person seiner Zeit Anwohner der Berlin-Reinickendorfer Waldsiedlung Konradshöhe. Jenkins fand abseits des Großstadtlärms, zwischen Havel, Tegeler See und märkischen Wäldern, nach Enttäuschungen und Verletzungen ein Stück Heimat im unsteten Artistenleben. Auf seiner „Farm", wie er Haus und Grundstück nannte, hatte er die Möglichkeit, neue Auftritte zu proben, und besaß einen Ruhepunkt in seinem Wanderleben. Die unselige Entwicklung der deutschen Geschichte in der ersten Hälfte dieses Jahrhunderts griff mehrmals in die Lebensgeschichte von Jenkins ein und veranlasste ihn schließlich, Berlin zu verlassen.

Der Ursprung zu vorliegender Arbeit war eine Ausstellung zum 125-jährigen Bestehen der Berliner Gemeinde Konradshöhe-Tegelort, dem Wohnort des Verfassers dieser Biographie. Dort befand sich eine Schautafel mit Fotografien eines idealtypischen Cowboys, der auf einem prachtvoll ausgestatteten Hengst paradiert und einen riesigen Adler auf der Faust trägt. Eine Nachbarin sagte lakonisch, diesen Mann kenne sie noch persönlich. Sie berichtete von weiteren Zeitzeugen, die in der Nachbarschaft von Jenkins lebten. Damals waren diese Personen Kinder oder Jugendliche, die alltäglich mit dem Künstler verkehrten und voller Erinnerungen an die abenteuerliche Gestalt sind. Ich befragte Zeitzeugen und erhielt viele kuriose Erlebnisse und Anekdoten berichtet. Die Erzählungen widersprachen sich teilweise, oft gab es Irrtümer oder Erinnerungslücken, auch Verweigerungen, aber es verdichtete sich der Eindruck, dass Jenkins viele Jahre lang den Ort prägte. Die Zeitzeugen waren sich einig: Jenkins hatte eine ausgeprägte Zuneigung zu Tieren, vor allem Vögeln und Pferden, sowie Lust an der Selbstdarstellung als Westmann und am abenteuerlichen Fabulieren. Eine Zeitzeugin kannte Jenkins nicht nur von der Lagerfeuer-Romantik in seinem Garten her, sondern arbeitete, als dieser längst sein Haus verlassen hatte, im Auftrage des Bürgermeisters als Wohnungsprüferin in der Villa des Artisten.

Auf diese Weise setzte sich ein facettenreiches Bild des Lebens von Jenkins in Konradshöhe zusammen. Es blieben dennoch viele Unklarheiten über Herkunft und Schicksal des Künstlers. Durch meine Mitgliedschaft in einer literarischen Vereinigung, der Karl-

May-Gesellschaft e. V. (KMG), deren Geschäftsführer bis 1999 der Jenkins-Fan und ehemalige Reinickendorfer Kommunalpolitiker Erwin Müller war, nahm ich Kontakt zu Experten auf, die mich am neuesten Forschungsstand teilhaben ließen. Die Sekundärliteratur ist rar gestreut: Ein Hamburger Bekannter von Jenkins, Friedrich Carl Wobbe, der mehrfach die Farm in Konradshöhe aufgesucht hat, liefert in dem leider nur in Schmökerform vorliegenden Heft „Billy – König der Cowboys" viele interessante Einzelheiten. Der Berliner Buchbinder und Trivialliteratur-Forscher Werner G. Schmidtke setzte mit der Veröffentlichung von 1979, „Billy Jenkins – ein wahrer Held. Wirklichkeit und Phantasie eines ungewöhnlichen Lebens", Maßstäbe für die literaturgeschichtliche Auseinandersetzung. Wobbe und Schmidtke übernahmen allerdings Jenkins legendenhafte Selbstinszenierung, die kritischen Nachfragen nicht standhält.

Das Bauaufsichtsamt Reinickendorf erlaubte, den Schriftwechsel von Jenkins mit der Behörde einzusehen und Dokumente auszuleihen. Artikel-Serien über den Artisten in der regionalen Wochenzeitung „Der Nord-Berliner" und in Fachblättern (Berlinische Monatsschrift, KMG-Nachrichten, Newsletter) stießen auf gute Resonanz.

Vom 26. November 1998 bis 5. Januar 1999 erfolgte im Auftrag des Kulturamtes von Berlin-Reinickendorf eine vom Autor dieses Buches organisierte Jenkins-Ausstellung; ihr Titel lautete programmatisch: „Billy Jenkins – Besichtigung eines Mythos". Zur Ausstellung gehörte am 3. Dezember 1998 ein Jenkins-Erinnerungsabend, zu dem sich ca. 150 Gäste aus allen Teilen Deutschlands einfanden. Im modernen, am Tegeler Hafen gelegenen Bauwerk der Humboldt-Bibliothek war die Jenkins-Exposition in 40 Rahmen, 2 Lang- und einer Hochvitrine angeordnet. Die Exponate, auf blauem Karton montiert – Blau war Billys Lieblingsfarbe (zuweilen auch sein Lieblingszustand) –, zeigten eine derartige Fülle an Originaldokumenten, dass im Rahmen von Führungen Akzente gesetzt werden mussten. Unter anderem waren ein Coltgürtel, eine Reisetasche, eine Messerscheide sowie ein zwölfseitiger handgeschriebener Brief von Jenkins aus dem Jahre 1948 zu sehen. Begrüßt wurden die Gäste vom Reinickendorfer Kulturstadtrat. Der Abend wurde vom Autor moderiert, der die Experten, Fans und Zeitzeugen persönlich vorstellte und den Vortrag „Der Cowboy von Reinickendorf" hielt.

Höhepunkt war der Auftritt des Kölner Falkners Wilhelm „Husky" Linz, der eine originale Jenkins-Perlenweste vorwies und einen

Steinadler mitbrachte. Ein Blitzlichtgewitter ging auf den Cheyenne-Indianer „Hunting Wolf" nieder, als er rituelle indianische Tänze in Originaltracht vorführte. Außer vielen heimatkundlich interessierten Reinickendorfern waren Romanheftsammler und Zeitzeugen anwesend, die sich noch persönlich an Jenkins erinnern. Abschließend erklang in der Humboldt-Bibliothek die Stimme von Jenkins anhand eines Radio-Interviews von 1951. Der Ausstellungskatalog, dessen kritische Jenkins-Biographie Vorläufer vorliegender Veröffentlichung ist, war ausverkauft. Auch Plakate, Medaillen, Hefte und Bücher fanden guten Absatz. Die Veranstaltung erhielt eine angemessene mediale Präsenz durch diverse Presseberichte und Radio-Interviews.

Nach der Ausstellung wurde vom Bezirksamt Reinickendorf die „Billy Jenkins Sammlung Berlin-Reinickendorf im Auftrag des Kulturamtes" (Gabelweihstraße 4a, 13505 Berlin) eingerichtet, die vom Autor, der nahe der ehemaligen Jenkins-Farm in Konradshöhe wohnt, ehrenamtlich verwaltet wird. Die Berliner Sammlung dient der biographischen Erforschung von Jenkins Leben sowie der öffentlichen Bekanntmachung des Künstlers.

Bei einem derart von Legendenbildung beeinflussten Gegenstand, wie das Leben und Wirken von Billy Jenkins, ist die Nachprüfbarkeit, die Frage nach der Authentizität des Berichteten von Bedeutung. Letzte Gewissheit über den Wahrheitsgehalt bei der Schilderung seiner Lebensgeschichte ist oft nicht zu erlangen; manche Flunkerei, die der Künstler im Berliner Dialekt schwadronierend zum Besten gab, wird mit einem Augenzwinkern wiedergegeben. Seine Neigung zu Selbststilisierung gegenüber Gesprächspartnern erschwert oft die Entscheidung, ob es sich um Wahrheit oder Fiktion handelt, gleichwohl machen die Aufschneidereien einen Teil der Anziehungskraft von Jenkins aus.

Umso wichtiger ist ein solides Gerüst an Daten, das die Forschung engagierter Hobbygelehrter ermittelt hat. Fotografien und Plakate, Briefwechsel, Erinnerungsstücke aus seinem Nachlass und Berichte von persönlichen Begegnungen bereichern das Bild vom Leben des Artisten. Die vielen kuriosen Erzählungen, angereichert mit teilweise phantastisch inszenierten Fotografien, bieten ein kerniges Stück Wildwest-Romantik, deren Unterhaltungswert nicht abzuleugnen ist. Die abenteuerlichen Berichte von einer Bärenjagd in den Rocky Mountains, der Freundschaft mit einem Sioux-Häuptlingssohn und andere Ereignisse, von Jenkins mehrfach in seiner grandiosen Erzählweise am Lagerfeuer wiederholt, sind integraler Bestandteil seiner Identität. Die Zeitzeugen sind bei der Beschreibung der romantischen Atmosphäre, die Jenkins umgab, begeistert und behalten die stimmungsvollen Abende am prasselnden Lagerfeuer unter sternklarem Himmel in Erinnerung. Der „aufgeklärte", moderne Mensch von heute würde gewiss manche Äußerung mit Skepsis bedacht haben, aber in den dreißiger und vierziger Jahren war ein Anwohner bereits ein Idol, nur weil er die Vereinigten Staaten persönlich betreten hat. Kinder und Erwachsene waren vielleicht naiver, unerfahrener, aber auch begeisterungsfähiger als heutzutage, wo jedermann die fernsten Winkel der Welt bequem besuchen kann.

Während der Recherchen zu dem Buch tauchte die Frage nach der Beweisbarkeit von Jenkins-Aufenthalten in den USA auf. Die Zeiten, in denen er sich in Nordamerika aufgehalten haben könnte, schränkten sich durch Lebenszeichen in Europa immer mehr ein. Frank Holt, Jenkins-Forscher aus Calgary/Kanada, konnte keine Show-Auftritte in den USA oder Kanada nachweisen. In einer schriftlichen Antwort vom 8. August 1995 des Circus World Museum (Baraboo/Wisconsin) an Holt heißt es: „It is possible that the Billy Jenkins you seek participated in the wild west shows held after the circus performances around the time of World War I. These cowboys and performers were not listed in the circus programs and other materials." Die Pendleton Round-Up Association (Pendleton/Oregon) antwortete Holt am 19. März 1996: „In looking back through old programs we have, I could not find any reference to Billy Jenkins (...) I am sending you a copy of our events winners from 1910, the first rodeo held here, to the present. As you can see he is not listed as a winner." Diese Informationen zeigen, dass Jenkins es mit der Wahrheit nicht genau nahm, denn in dem NWDR-Radio-Interview vom 26. Juni 1951 bekundet er, Sieger des Pendleton Round-Up gewesen zu sein. Frank Holt schreibt dazu in einem Brief an den Verfasser vom 15. Februar 1999: „Wenn Billy wirklich bei Barnum und Bailey war, dann nur als namenloser Cowboy der Side Shows vor 1919." Anfragen bei dem „National Cowboy Hall of Fame and Western Heritage Center" (Oklahoma), dem „Cowboy Artist of America Museum" (Texas), dem „Lea County Cowboy Hall of Fame and Western Heritage Center" (New Mexico), der „Pro Rodeo Hall of Fame and Museum of the American Cowboy" (Colorado), dem „Ringlings Museum of Art" (Florida) sowie Nachforschungen im Archiv der 101-Show und anderen Veranstaltungen ergaben, dass der Name Billy Jenkins unbekannt ist; auch die Alternativnamen Rosenthal oder Süßmilch werden nicht erwähnt.

In einem Brief vom 15. Mai 1936 an Bekannte seines Vaters, Familie Lorenz aus Zerpenschleuse/Brandenburg, in dem Billy bestrebt war, seine Einkommensveräältnisse wegen Erbschaftsproblemen in einem besonders günstigen Licht erscheinen zu lassen, erwähnt er lediglich, dass er „viel Geld in Südamerika & allen anderen europäischen Staaten" verdient habe. In dieser Textpassage, wo er einen finanziellen Grund gehabt hätte, auf seine weltweiten Erfolge hinzuweisen, wird die USA mit keinem Wort erwähnt.

Als Beweise für einen USA-Aufenthalt können nicht Brieftexte, möglicherweise gestellte Fotografien oder Aussagen von Jenkins, die er gegenüber Interviewern oder Zeitzeugen ablegte, anerkannt werden. Ein vollgültiger Nachweis wäre ein Programmheft, Plakat oder Zeitungsbericht über einen Jenkins-Auftritt in Nordamerika, authentische Tagebuchaufzeichnungen oder frankierte Briefe aus den Vereinigten Staaten. Ein Indiz für einen Nordamerika-Aufenthalt von Jenkins ist die Aussage des Artisten Patty Frank, der Billy angeblich um 1910 beim Zirkus Ringling traf. Patty Frank, der mit bürgerlichem Namen Ernst Tobis (1876–1959) hieß, war in diesem Jahr mit seiner Parterre-Akrobaten-Truppe „The Acrobatic Wonders" bei Ringling auf US-Tournee. Aufgrund der Nachforschungen in Zirkus-Museen und Rodeo-Akten in den Vereinigten Staaten ist gewiss: Wenn Billy jemals in den USA war, dann als Stalljunge oder niedere Charge, bestenfalls als zweit- oder drittrangiger Künstler.

Es handelt sich bei vorliegender Biographie um den erweiterten und verbesserten Versuch einer Lebensbeschreibung, die erstmals November 1998 in dem Ausstellungskatalog „Billy Jenkins – Besichtigung eines Mythos" vorgelegt wurde. Durch die Berliner Ausstellung ist das Wissen über den Artisten erheblich erweitert, denn es meldeten sich viele zusätzliche Zeitzeugen – sogar ein Verwandter von Billy – die ihre Archive zur Verfügung stellten. Es handelt sich um Anekdoten und Informationen mit viel Lokalkolorit, aber auch um verschollene Foto- und Briefdokumente, die Kenntnislücken über das Leben von Jenkins ausfüllen und erstmals im Bildteil dieser Biographie veröffentlicht werden. Darüber hinaus war eine Neufassung der ersten Lebensbeschreibung notwendig, weil manche Angaben – unter anderem zur Geschichte des Zirkus Sarrasani – nicht auf der Höhe moderner Forschung standen.

14

Dem Leser sollte bewusst sein, dass es niemals eine endgültige Jenkins-Biographie geben kann – wie es auch keine endgültige Goetheoder Schiller-Biographie geben wird. Letztgültige Biographien sind Illusion. Es kann allerdings den redlichen Versuch einer Lebensbeschreibung geben, die unangenehme Einsichten nicht allein deshalb ausklammert, weil sie der mythischen Publikumserwartung widersprechen und vermeintliche Peinlichkeiten zutage bringt.

Jede Darstellung einer Vita hat eine bestimmte Sichtweise, einen spezifischen Informationsstand und eine spezielle Interessenlage zur Voraussetzung. Der Autor war bemüht, seine Kenntnis aufgrund mannigfacher Unterhaltungen mit Zeitzeugen und einem erweiterten Archivmaterial zur Darstellung zu bringen. Vorliegende Biographie nimmt für sich in Anspruch, die wichtigsten Daten in Jenkins Leben erforscht zu haben, ohne Vollständigkeit zu reklamieren. Der Verfasser hat sich bemüht, Archive zu konzentrieren und auszuwerten. Das Quellenmaterial setzt sich aus Briefen, Postkarten, amtlichen Dokumenten, Fotografien, Programmheften, Zeitungsinseraten und Zeitzeugenberichten zusammen, die erstmals in der Berliner Ausstellung zu sehen waren oder danach archiviert wurden. Presseberichte und Sekundärliteratur konnten wegen der meist sehr verfestigten mythischen Darstellungweise nur selten herangezogen werden.

Die Sanktionierung des Mythos lag im Interesse von Jenkins Arbeitgebern – ob Zirkus oder Varieté –, dem Verlag der Romanreihe und nicht zuletzt beim Künstler selbst, für den die Legende Anerkennung und pekuniären Erfolg bedeutete. Noch heute werden mit dem Mythos „Billy Jenkins – der Westmann" wider besseres Wissen Geschäfte gemacht. Es geht hier nicht darum, den ohnehin vergeblichen Versuch zu unternehmen, die Vermarktung einer Legende zu kritisieren. Vielmehr soll durch diese Schrift ein Akzent gegen die seit den zwanziger Jahren und bis in neueste Publikationen hinein wiederholte und von einem gläubigen Publikum bereitwillig akzeptierte Mär vom Superhelden Jenkins gesetzt werden.

Für den Forscher bedeutet die Tatsache, dass in der ersten Hälfte des 20. Jahrhunderts mangels anderer Kommunikationsmedien ein ausgeprägter Briefwechsel gepflegt wurde, ein großes Glück. Es liegt eine unübersehbare Menge an schriftlichen Äußerungen vor, die allerdings über ganz Deutschland verstreut in Privatbesitz sind. Meist wissen die Eigentümer den ideellen – aber auch materiellen – Wert ihrer Exponate nicht richtig einzuschätzen, sodass das Material von uninteressierten Besitzern oder deren Erben auf Dachböden oder in Kellern zurückbehalten oder weggeworfen wird.

Zahlreiche Dokumente wurden für vorliegende Arbeit erstmals ausgewertet, so das personenbezogene NSDAP-Dossier von Erich Rosenthal (Künstlername: Billy Jenkins) im Bundesarchiv Berlin. Viele Fotografien des Bildteils sind noch nie oder lediglich einmal im Vorläufer dieses Buches, dem Sonderheft der Karl-May-Gesellschaft, veröffentlicht worden. Die teilweise mangelhafte Bildqualität sollte entschuldigt werden, weil die Aufnahmen häufig nicht von professioneller Hand sind, sondern von Amateuren angefertigt wurden. Professionelle Fotografen versuchten mit „Starfotos" vom Künstler den Mythos zu sanktionieren. Umso authentischer müssen auf den heutigen Betrachter Fotografien wirken, die den privaten Jenkins zeigen. Es war schwierig, an Fotomaterial, das die Eltern – insbesondere seine Mutter Elfriede – zeigt, heranzukommen. Aber auch eine Fotografie, die zwar professionell aufgenommen, aber auch ebenso professionell unter den Tisch gekehrt worden ist, wie das Bild, das Billy mit dem Hakenkreuz in der Manege zeigt, durfte in einer kritischen Biographie nicht fehlen.

Dem vorliegendem Buch geht es nicht um die Zerstörung einer Legende, sondern um deren Besichtigung: Es hat sich bei der Ausstellung gezeigt, dass in den Köpfen der meisten Fans die Sphären Mythos und Wirklichkeit durchaus nebeneinander bestehen können. Jenkins, der heldenhafte Westmann, und Erich Rosenthal, die profane Person, der es um Geld und das schiere Überleben im III. Reich ging, sind zwei Wirklichkeiten, deren Gegensatz ein toleranter Geist ertragen kann.

Auf den folgenden Seiten wird das bewegte Leben und die Wirkung eines Mannes skizziert, der durch sensationelle Manegenauftritte, Selbstinszenierung als Super-Cowboy und Titelheld einer Romanreihe in die Kulturgeschichte eingegangen ist. Die ungewöhnliche Mehrfachbegabung als Reit-, Schieß- und Lassokünstler, der gleichzeitig der weltbeste Greifvogeldresseur war, bietet ein weiteres Element in dem an Originalität so reichen Leben von Billy Jenkins. Folgen wir den Spuren des schillernden Helden, der zeitlebens hinter der Glamourfassade der Wildwest-Romantik seine Einsamkeit zu verbergen versuchte, auf seinem Lebensweg. Die Faszination, die er bis heute auf viele Anhänger ausübt, wird dabei ebenso in die Darstellung einbezogen, wie die in mühsamer Forschungsarbeit ermittelten Lebensdaten.

II. Ein Artistenleben

1. Frühe Jahre

Billy Jenkins erblickte als uneheliches Kind unter dem bürgerlichen Namen Erich Rudolf Otto Rosenthal am 26. Juni 1885 das Licht der Welt. Die Hausgeburt erfolgte in Magdeburg – damals Hauptstadt der preußischen Provinz Sachsen – in der Scharnhorststraße 4, nahe der Elbe. Die Straße – in Magdeburg-Altstadt zwischen Dom und Hasselbachplatz gelegen – heißt heute Haeckelstraße. Das Standesamt Magdeburg-Altstadt registrierte die Geburt in der Abstammungsurkunde unter der Nummer 1993/1885. Seine Eltern weilten vermutlich anlässlich eines Gastspiels in der Stadt. Jenkins flunkerte später, dass seine Hebamme, eine Frau mit dem für seinen späteren Lebensweg bezeichnenden Vogelnamen Ernestine Rabe, seine Geburt nicht ordnungsgemäß bei den Behörden angemeldet habe. Seine Mutter, Elfriede Fischer, wurde am 18. März 1866 in der damaligen ostbrandenburgischen Stadt Schneidemühl geboren, die heute in Westpolen liegt. Zu ihr entwickelte er ein enges emotionales Verhältnis, sodass er das Haus in Konradshöhe nach ihrem Ableben „Villa Elfriede" nannte.

Der Vater Georg Rosenthal, geboren am 30. Oktober 1865 in Berlin, war von Beruf Artist und Schausteller. Er wurde unter dem Künstlernamen „Süßmilch" bekannt. Rosenthal heiratete Elfriede Fischer erst fünf Jahre nach der Geburt des Sohnes. Erichs Vater war ein rühriger Geschäftsmann, der seinen in der Künstlerwelt bekannten Namen mit kommerziellen Interessen in Verbindung brachte. Er hatte seinen Lebensmittelpunkt in der Reichshauptstadt und betrieb am Lehrter Bahnhof im heutigen Bezirk Tiergarten ein Varieté-Café mit Namen „Süßmilch". Fotografien der Jahrhundertwende zeigen das Marine-Panorama-Gebäude vom Kronprinzen-Ufer aus. Es stand neben dem im Stil der italienischen Hochrenaissance erbauten Empfangsgebäude des Lehrter Bahnhofs, dem damaligen Endbahnhof der von der östlich von Hannover gelegenen Stadt Lehrte nach Berlin führenden Eisenbahnstrecke. Hauptattraktion des runden Kuppel-Bauwerkes an der Moltke-Brücke war neben dem Kleinkunsttheater das so genannte

„Marine-Panorama", wo Zuschauer durch einen Guckkasten unterschiedliche Hafenstädte der Welt betrachten konnten. Das Marine-Gebäude diente später als Kolonialmuseum und wurde 1926 abgerissen. Es führte den Namensteil „Marine" allerdings nicht – wie Billy später behauptete – wegen der Kriegserfolge beim Boxeraufstand, sondern aufgrund des maritimen Schaupanoramas, das in den neunziger Jahren installiert wurde. Der Vater – nach Zeitzeugenaussagen deutschnational gesinnt – besaß einen „Rennstall", wie Jenkins später sagte. Es könnte sich um Rennpferde gehandelt haben, die der Vater in Alt-Mariendorf hielt, ehe dort April 1913 die Trabrennbahn eröffnet wurde. Es ist nicht auszuschließen, dass Jenkins dort erste Erfahrungen mit den Vierbeinern gemacht hat. Georg Rosenthal war 1902 Mitbegründer des Internationalen Theater-Directoren-Verbandes.

Folgende Einträge zu Georg Rosenthals Wohnsitzen sind in Berliner Adressbüchern genannt:

– G. Rosenthal, Artist, Brunnenstraße 116 b [1893; heute: Berlin-Wedding]

– Süßmilch, G., Artist, Chausseestraße 115 [1895; heute: Berlin-Mitte]

– Georg, Theaterdirec. Alt-Moabit. 1. Süßmilchs Marine-Varieté. Inh. Georg Rosenthal [1901; heute: Berlin-Tiergarten]

– Georg Rosenthal, Gastwirt, Habichtstraße 8, Berlin-Tegel [erster Wohnsitz seit 25. 9. 1919; heute: Berlin-Reinickendorf] sowie G. R., Rentier, Bismarckstraße 183 E., Hermsdorf [Rosenthals zweite Liegenschaft in Berlin-Reinickendorf seit 26. 5. 1930].

Aus einem Brief von Jenkins vom 18. November 1936 an Max und Frieda Lorenz, Zerpenschleuse/Brandenburg, geht hervor, dass Georg Rosenthal ein Haus im Reinickendorfer Ortsteil Hermsdorf erwarb, wovon Billy behauptete [Brief vom 17. Mai 1936], dass er RM 2000,– des Kaufpreises hinzugab.

Die Berufsbilder der Väter sind oft Vorbilder für den männlichen Nachwuchs, und für den Sohn wurde das bunte Durcheinander von Engagements in fremden Ländern und groteskem Treiben in der Manege zum Lebenselixier. Erich wuchs mit einem derben

Berliner Dialekt auf, den er zeitlebens nicht ablegte. Diese Mundart begünstigte ein rustikales Auftreten, das ihm später zu Eigen wurde. Nicht zu Eigen wurde ihm ein Aspekt seines Vaters, den er zu kaschieren versuchte: Das Familienhaupt war jüdischer Abstammung. Der Sohn wuchs als Halbjude in eine Zeit hinein, die seine Herkunft als Makel auslegen würde.

Erichs Geburtsjahr war politisch bestimmt von der Gründung deutscher Kolonien, so genannter „Schutzgebiete" in Afrika und im Pazifik. Reichskanzler Otto von Bismarck, der kurz vor seinem Rücktritt stand, setzte die Sozialgesetzgebung durch, und in Deutschland endete der Kulturkampf, was zur inneren Stabilisierung des Kaiserreiches beitrug. Das Ende der Bismarck-Ära und der Regierungszeit Wilhelms I. brachte eine Epoche zum Abschluss, welche die deutsche Frage nach außen durch Kriege geregelt hatte und nach innen ein relativ gefestigtes, wirtschaftlich prosperierendes Reich gründete.

Erichs wichtigste Bezugspersonen waren die Eltern, deren Berufsleben im Flitter und Glanz der Artistenwelt verlief. Der Bruder des Vaters war angeblich Polizeirat in Berlin, welcher der „Wild West Show" von Buffallo Bill, die 1890 auftrat, die behördliche Genehmigung erteilte. Recherchen in der Polizeihistorischen Sammlung von Berlin ergaben allerdings, dass in den vorliegenden Aufzeichnungen über die Polizeiverwaltung im Jahr 1890 kein Namen eines Polizeirates Rosenthal genannt ist. Durch den Onkel wurde Erich angeblich im Alter von fünf Jahren ein Erlebnis ermöglicht, das seinem gesamten Leben eine besondere Richtung gab: Er traf Buffallo Bill in dessen Büro – einem Hauszelt – persönlich, durfte in der Show Ponys reiten und wurde von dem berühmten Mann auf den Schoß genommen. Erichs Spitzname wurde daraufhin „Billy", womit der später angenommene Künstlername bereits zur Hälfte vorweggenommen war. Diese Episode ist allerdings nicht dokumentiert und erinnert an Fotos, auf denen Buffalo Bill inmitten einer Kinderschar zu sehen ist. Es ist nicht auszuschließen, dass sich Billy nachträglich in die Szene projizierte.

Colonel William Frederick Cody (1846–1917), nach seiner Fertigkeit im Erlegen von Büffeln Buffallo Bill genannt, wurde im amerikanischen Bundesstaat Iowa geboren und verdingte sich anfangs als Reiter beim Pony-Express. In den sechziger Jahren trat er als Büffeljäger in Aktion, der von Oktober 1867 bis Mai 1868 die Eastern Division der Union Pacific Railroad mit Fleisch belieferte.

Er erlegte täglich oft mehr als einhundert dieser für die Indianer überlebenswichtigen Tiere und kämpfte in Feldzügen gegen die amerikanische Urbevölkerung, wurde Scout, Soldat und Offizier. Er gehörte übrigens – entgegen der allgemeinen Meinung – nicht zu den großen Bisonschlächtern, sondern jagte lediglich zwecks Ernährung der Eisenbahnarbeiter. 1872 schrieb Edward Zane Carroll Judson – sein Pseudonym lautete Ned Buntline – ein Wildwest-Drama mit dem Titel: „The Scouts of the Prairie". Cody trat mit ähnlichen Stücken im Winter auf, im Sommer arbeitete er als Scout. Die Bewohner des Ostens goutierten die Westerndramen als Pseudo-Berichte über Skalpierungen und Metzeleien, die sich im fernen Westen zutrugen.

Von 1887 bis 1892 weilte „Buffallo Bills Wild West and Congress of Rough Riders of the World" in den großen europäischen Städten, im Jahre 1890 in Berlin. Das Spektakel fand im Sommer am Kurfürstendamm statt, wo heute die Joachimstaler Straße abzweigt und das Kaufhaus Wertheim steht. Dort befand sich zu jener Zeit ein großer Park, der für den Auftritt den erforderlichen Raum bot. Eine Vorstellung erfolgte am 23. Juli 1890. Die Vossische Zeitung dieses Tages enthält folgendes Inserat:

„Erste Vorstellung in dieser Stadt von dem Original- u. einzigen Buffallo Bills Wild-West, ausgeführt von dem Obersten W. F. Cody (Buffallo Bill), früher Anführer der Pfadfinder der Vereinigten-Staaten-Armee aus dem Indianer-Grenzleben. 200 Indianer, Cowboys, Pfadfinder, Schützen, Reiter, 200 Thiere, Ponys, Esel, Wild-Pferde und Büffel. In einem neuumzäunten, mit Gehölz bedeckten großen Parke. Am 23., 24., 25. und 26. findet täglich eine Vorstellung statt. Anfang 5 Uhr. Cassa-Eröffnung 3 $\frac{1}{2}$ Uhr. Vom 27. ab finden täglich zwei Vorstellungen statt. Anfang derselben um 3 und 8 Uhr. Cassa-Eröffnung um 1 $\frac{1}{2}$ und 7 Uhr. Die Abendvorstellungen finden bei elektrischer Beleuchtung statt. Eintrittspreise 1, 2, 3 und 4 Mark. Sitzplätze für 10 000 Personen. Gedeckte Tribünen. Die Vorstellungen finden bei jeder Witterung statt. Avis! Dies ist die Truppe, welche in Paris (Ausstellung), London, New York, Rom etc. solch kolossalen Erfolg erzielt hat. Central-Bureau: Unter den Linden 21."

Das deutsche Publikum sah erstmals wirkliche Indianer, die durch ihre kriegerischen Auftritte die Vorurteile der Bevölkerung be-

stätigten. Für Erichs spätere Entwicklung zum Helden einer Heftserie ist interessant, dass Buffalo Bills Popularität ebenfalls durch
so genannte „Dime Novels", massenhaft verbreitete Groschenro-
mane, gefördert wurde. Der „Ghostwriter" von Cody, Oberst Pren-
tiss Ingraham, schrieb von 1879 an 121 Heftromane mit dem Titel:
„The Buffalo Bill Storys. A weekly publication devoted to border
history." Bereits 1869 hatte Edward Zane Carroll Judson unter
dem Pseudonym Ned Buntline im „New York Weekly" Erzählungen unter dem Titel „Buffallo Bill, King of Bordermen"
herausgegeben. Diese Kolportageromane trugen viel zur Entstehung des Cowboy-Mythos bei, denn der idealisierte Titelheld erlebte im Grenzermilieu bluttriefende Abenteuer, die mit der Wirklichkeit von Viehtreibern wenig gemein hatten und zudem rassis-
tisch gegen die indianische Bevölkerung voreingenommen waren.

Vater Rosenthal wollte dem vom Zirkusmilieu faszinierten Sohn
eine gehobene Bildung und einen bürgerlichen Beruf angedeihen
lassen. Er schickte Erich in Berlin-Steglitz zur Schule, wo er sich als
lernwillig erwies. Zugleich war der Knabe zu Streichen aufgelegt,
die meist von seiner Tierliebe herrührten. Erich sammelte Maikä-
fer und züchtete weiße Mäuse, die für Bekannte und Freunde oft
zur unliebsamen Überraschung wurden. Der anscheinend wider-
setzlich und eigensinnig geprägte Charakter des Jungen konnte im
Privatgymnasium Dr. Horwitz nicht gezähmt werden. Eine hand-
greifliche Auseinandersetzung mit dem Lehrer und Direktor führte dazu, dass er die Lehranstalt verlassen musste. Dem schulischen
Desaster folgte die Ausbildung als Fleischerlehrling bei dem Gar-
nisons- und Hofmetzgermeister Emil Griese in Potsdam. Nach einer Schlägerei mit einem Gesellen brach er die Fleischerlehre
kurzfristig ab. Erich verließ angeblich ohne Wissen der Eltern Berlin und begab sich auf eine Odyssee durch die Welt, deren Aben-
teuerlichkeit den Erlebnissen des späteren Romanhelden alle Ehre
gemacht hätte.

Über seine frühen Jahre machte Jenkins folgende Aussagen, die
wie vieles, was er von sich behauptete, mit Skepsis zu betrachten
sind: Erich lief kurz vor der Jahrhundertwende zu Fuß von Berlin
nach Hamburg. Die Eltern gaben eine Vermisstenanzeige auf, sodass er im Hafenbüro seinen Steckbrief sah. Billy gab an, auf der
Viermastbark „Marie Woermann" als Schiffsjunge angeheuert zu
haben. Ein Hamburger Jenkins-Fan konnte indes herausfinden,
dass es eine solche Bark nicht gab, denn das von Carl Woermann

1837 gegründete Exportgeschäft, zu dem 1885 eine Reederei kam, hatte bis 1890 fünf Dampfschiffe in den Dienst gestellt, wovon eines die „Marie Woermann" war. Die Hamburger Reederei Woermann firmierte unter dem Namen „Afrikanische Dampfschiffahrts-Gesellschaft", auch „Deutsch-Ostafrika-Linie" genannt. Der Segler, auf dem Billy angeblich ein vierzehnstündiges Tagewerk ableisten musste, nahm Kurs auf Kapstadt in Südafrika, wo der Junge das Schiff verließ. Den ersten Arbeitsplatz fand Erich bei einem niederländischen Farmer im Oranje-Freistaat, wo er das Rinderhüten erlernte. Im Burenkrieg (1899–1902) lehnten sich die von niederländischen Siedlern gegründeten Freistaaten Oranje und Transvaal gegen die britische Kolonialmacht auf. Erich fungierte nach eigener Aussage auf Seite der Freistaatler unter General von Botha als Meldereiter und geriet nach einem Pferdesturz in englische Gefangenschaft. Nachdem ihn die Briten zunächst in ein Kriegslazarett eingewiesen hatten und dann nach der Kronkolonie Ceylon verschleppten, konnte er von dort aus nach China fliehen. Ein deutsches Kauffahrteischiff nahm Erich nach Hongkong mit, wo er in einer deutschen Handelsniederlassung Unterschlupf fand. Während der Flucht lernte er seinen langjährigen Freund Richard Rössler (1884–1959) kennen, der später bei den Zirkussen Ringling, Hagenbeck und Sarrasani mit einer Raubtiernummer auftrat. Vermutlich hat Jenkins diese Darstellung seines Lebensweges der legendären, heute widerlegten Biographie von Tom Mix entlehnt, die er für seinen eigenen Mythos verwendete.

Erich wirkte angeblich an der Niederschlagung des chinesischen Boxeraufstandes von 1899 mit. Diese gegen die Vertreter der Kolonialmächte gerichtete Empörung im Nordosten Chinas wurde von einer Geheimsekte entfacht. Der junge Mann, der bereits den Spitznamen Billy führte, meldete sich als Freiwilliger bei den internationalen Interventionstruppen und wurde gemeinsam mit einem Freund dem deutschen Korps des Grafen von Waldersee unterstellt. Bei dieser Gelegenheit erlernte er angeblich die Grundlagen der chinesischen Sprache, nachdem er in Afrika seine englischen und niederländischen Sprachfertigkeiten erweiterte. Entgegen diesen Bekundungen ist durch Zeitzeugen und Sprachproben belegt, dass Jenkins keine Fremdsprachen beherrschte.

Im Jahre 1900 warfen die Kolonialmächte den Aufstand nieder. Billy, diesmal auf der Siegerseite, kehrte ein Jahr später auf einem Kriegsschiff in die Heimat zurück. Als deutscher Marinesoldat, der erfolgreich den Boxeraufstand beendet hatte, wurde der Sechzehnjährige begeistert von den Eltern empfangen. Der heimgekehrte Weltenbummler war enttäuscht, sein eigentliches Ziel nicht erreicht zu haben: Er wollte in Nordamerika Cowboy werden, um später künstlerisch auf den Pfaden des unvergessenen Vorbildes Buffallo Bill zu wandeln. Vater Rosenthal unterstützte angeblich diesmal den Drang des Sohnes nach Abenteuerlust. Er sah ein, dass Erich, wie er selbst, niemals in einer bürgerlichen Existenz glücklich würde. Um der weiteren Entwicklung des Sohnes einen festen Rahmen zu geben, informierte er Erichs Onkel Robert Fassnacht Brullard, der in Laredo im Staate Texas wohnte. Rosenthal buchte für Billy eine Fahrt bei der renommierten Reederei HAPAG, die ihn von Hamburg in die Neue Welt führen sollte.

Nach einer stürmischen Überfahrt mit dem Dampfer „Graf Moltke" gelangte der junge Deutsche nach New York. In der Metropole übte er zahlreiche einfache Tätigkeiten aus, um sich die Bahnfahrkarte nach Texas zu verdienen. Wahrscheinlich hatte ihm der Vater vorher das Geld gegeben, aber Billy war zeitlebens kein guter Haushalter in pekuniären Angelegenheiten und verprasste das Handgeld vermutlich in New York. Zufällig gastierte Buffallo Bills Wildwest-Show im Madison Square Garden. Frederick Cody, der im vornehmen Hotel Atlantic Garden wohnte, erinnerte sich an den Berliner Aufenthalt und ließ Billy bei einer Werbeparade auf dem Broadway mitreiten. Zu seiner Enttäuschung bekam er jedoch kein Engagement bei der Show. Buffallo Bill hatte nach der Jahrhundertwende aufgrund fehlgeschlagener Immobilien- und Finanzspekulationen erhebliche Schulden angehäuft. Vielleicht ist darin der Grund für Buffallo Bills abschlägiges Verhalten gegenüber einem festen Engagement des jungen Deutschen zu sehen. Billy verdiente sich als Tellerwäscher eine Bahnfahrkarte nach St. Louis, wo er einen Mississippi-Dampfer bestieg, der ihn nach New Orleans brachte. Dort lebte eine Schwester seiner Mutter, die einen Amerikaner geheiratet hatte, der den ursprünglich walisischen Namen Jenkins führte. Diesen amerikanisch klingenden Namen adaptierte er für seine späteren Auftritte. Die Identität von Jenkins Tante konnte leider nicht ermittelt werden, da es nach den Zensus-Akten von 1900 und 1910 viele Personen dieses Namens in der Stadt am Mississippi gab.

Billy Jenkins trampte auf dem Schienenwege am Golf von Mexiko entlang, wurde mehrfach aus dem Zug geworfen und gelangte schließlich in das benachbarte Texas, wo sich angeblich nahe der mexikanischen Grenze die Heart-Four-Bar-Ranch des Onkels befand. Der in Frankreich gebürtige Brullard hatte eine andere Schwester seiner Mutter geheiratet.

Nachforschungen in der Public Library von San Antonio/Texas ergaben, dass in der Zensusakte von 1910 in Laredo ein Robert Fassnacht Brullard verzeichnet ist. Er wurde in der Welschschweiz geboren, sprach Französisch und Englisch, war zweimal verheiratet – zum Zeitpunkt der Volkszählung seit achtzehn Jahren mit der aus Deutschland stammenden Augusta, die Deutsch und Englisch sprach. Brullard betrieb in der 912 Iturbide Street, Laredo, Webb County, Texas einen „Fancy Groceries" Store, womit vermutlich ein Feinkostladen gemeint war. Brullard hatte drei Kinder, von denen zwei in seinem Haushalt wohnten: der achtundzwanzigjährige Sidney war Angestellter im Laden des Vaters, die zweiundzwanzigjährige Anita arbeitete als Lehrerin. Die beiden wurden in Louisiana geboren, wo angeblich eine Tante von Billy lebte, die den Namen Jenkins führte. Die Nachforschungen in Texas lassen also vermuten, dass Billy tatsächlich die erwähnten texanischen Verwandten besaß. Allerdings sind die Behauptungen über die vermeintliche Ranch seines Onkels und eines Aufenthaltes von Billy in Laredo nicht nachweisbar.

Während seines Besuches der Ranch in Laredo gastierte die populäre 101-Ranch-Show in der Stadt. Jenkins wurde angeblich Mitglied der Wandertruppe, über die später noch berichtet wird. Trotz intensiver Recherchen konnte die Teilnahme Billys an der Show nicht nachgewiesen werden. In Dr. Richard F. Seiverlings Tom-Mix-Biographie wird der Eigentümer der Show, Zack Miller, als Erfinder des Künstlernamens Billy Jenkins genannt. Es heißt dort, dass Miller den Namen Rosenthal für unattraktiv hielt. Billy gedachte seiner amerikanischen Tante und nahm den Namen Jenkins an. Diese Geschichte ist allerdings nicht dokumentiert. Jenkins' typische Western-Kleidung soll dem Outfit von „Tex" Cooper nachempfunden sein, der um 1910 Arena Director der 101-Show war. Er trug die typische Western-Tracht, mit Mustern abgesteppte Lederstiefel und einen großen, weißen Stetson. In Indianapolis trennte sich Jenkins von der Show und wurde nach eigener Aussage Kadett bei einer Scharfschützenabteilung der US-Armee. Die Mitgliedschaft in der „Military Volunteer Cadet School" gehört gewiss ins Reich der Phantasie, denn Ausländer wurden nicht ausgebildet. Es gibt eine Fotografie, die angeblich Jenkins im Alter von 23 Jahren mit ausgestrecktem Arm an einer Übungskanone der Kadettenschule zeigt. Indes lässt sich die betreffende Person nicht eindeutig identifizieren. Die Einheit gastierte 1907 zu Repräsentationszwecken in Berlin, wo Jenkins sie verließ. In Wahrheit nahm er vermutlich den Auftritt der Truppe in Deutschland zum Anlass, die Glaubwürdigkeit seiner Legende zu untermauern.

Georg Rosenthal-Süßmilch, wie der Vater in Künstlerkreisen genannt wurde, erwarb in Halle am 27. August 1906 durch Zwangsversteigerung das am 1. Februar 1889 gegründete, 3000 Personen fassende Walhalla-Theater. Rosenthal „renovierte mit bedeutenden Kosten das Etablissement vollständig innen und aussen, liess Saal und Treppen mit Teppichen belegen, wie er überhaupt es verstand, aus der alten Walhalla ein der Grosstadt würdiges Etablissement zu schaffen", heißt es in der Künstlerzeitschrift „Der Artist", No. 1206, von 1908. Der handelsgerichtlich eingetragene Name lautete „Süßmilchs Walhallatheater". Die Direktion des Hauses lag in den Händen von Georg Rosenthal und seiner in Künstlerkreisen beliebten Frau Elfriede. Er eröffnete das Haus am 1. September 1906 mit großem Erfolg.

Jenkins trat im Theater seines Vaters als Kunstschütze auf, wobei er – weil der deutschnational eingestellte Vater vermutlich darauf bestand – die Kleidung der Schutztruppen der deutschen Kolonialgebiete trug. Auf einer Fotografie, die Juli 1909 in der Theaterkulisse aufgenommen wurde, posiert der noch unbekannte Sohn unter Bezugnahme auf den Namen des prominenten Vaters: „Erich Süssmilch, der phänomenalste Kunstschütze in seiner Original-Scene. Ständige Adresse: Halle a. S. Süssmilchs Walhallatheater." Die Show, die am 8. Juli 1909 Premiere hatte, hieß im patriotischen Stil dieser Zeit „Jung Deutschland".

Den frühesten dokumentierten Berliner Auftritt von Jenkins kündigt die artistische Fachzeitschrift „Das Organ" am 12. Juni 1909 an: Der Kunstscharfschütze „Erich Süssmilch" war im „Bernhard Rose"-Theater engagiert, das zuerst in der Badstraße im Wedding, später in der Frankfurter Allee gelegen war. Bernhard Rose war unter anderem Vater des Volksschauspielers Willy Rose. Assistiert wurde Jenkins in dieser Zeit von dem Berliner Max Schultze, dem späteren Ehemann von Billys Stiefschwester Else, die der Verbindung von Georg Rosenthal mit einer unbekannten Frau entstammt.

Außer den Eltern und Buffalo Bill hatte Billy ein weiteres Vorbild: Hans Stosch (1873–1934), den Gründer des Zirkus Sarrasani, dessen Biographie von dem Dresdner Artistengeschichtler Ernst Günther in dem Buch „Sarrasani wie er wirklich war" (1984) kritisch durchleuchtet wurde. Hans Stosch arbeitete zunächst als Lehrling in der Glashütte des Vaters Albert Stosch in Lomnitz bei Bentschen im heutigen Westpolen. Der Sohn löste sich bald vom strengen Vater und versuchte sein Glück ab 1892 als Dressurclown mit Engagements in Zirkussen und Varietés. In den neunziger Jahren galt er neben Jean Clermont als bedeutendster Vertreter der Dressurclownerie. Er nahm den Künstlernamen Sarrasani an, der vermutlich auf die Novelle „Sarrasine" von Honoré de Balzac zurückgeht. Es ist wahrscheinlich, dass Hans Stosch während dieser Zeitphase den Berufskollegen Georg Rosenthal alias „Clown Süßmilch" kennen lernte.

1893 heiratete Stosch, der in einem Wohnwagen quer durch Europa tingelte, die Tochter eines Stuttgarter Polizeibeamten, Maria Ballhorn (1873–1933). Die Ehe verlief glücklich; der Sohn berichtet, dass er seine Mutter niemals in anderer Tätigkeit als beim Kochen, Wäschewaschen oder Nähen von Kleidern und Kostümen erlebt habe. Außerdem trat sie als Hundedresseurin in der Manege auf: die ideale Partnerin für ein ambitioniertes Leben.

Hans Stosch erlangte die Anerkennung seines „lustigen Dressuraktes" in der Zirkuswelt erst durch den einstigen Schulkameraden Robert Wilschke (1874–1950), den er in Berlin wieder sah. Wilschke war Sekretär einer Berliner Künstleragentur und konnte Stosch seit 1896 an große Häuser vermitteln. Robert Wilschke war später einer der bedeutendsten Artistenagenten; unter anderem vermittelte er Engagements für Jenkins und kannte gewiss auch dessen Vater Georg Rosenthal. Zwischen Stosch, Wilschke und Jenkins war ein reiches Beziehungsgeflecht vorhanden; der Künstleragent besuchte die Familie Rosenthal häufig in Konradshöhe. Billy widmete 1941 seinem „Jugendfreund" Robert Wilschke den Jenkins-Roman „Die schwarzen Ratten".

Hans Stosch erkannte, dass nicht die Artisten, sondern die Künstleragenten das große Geld verdienten. Deshalb schloss sich 1898 „Clown Sarrasani and his funny family" – eine Gruppe, die aus Affen, Hunden, einem Schwein und einem Ziegenbock bestand – mit der Recknummer von Robert Milde-Milton zusammen. Stosch gründete den Zirkus Sarrasani und nahm seinen festen Wohnsitz im sächsischen Radebeul, Gartenstraße 54, weil dort sein Vater an-

Jenkins als Kunstschütze, bekleidet mit der Uniform der deutschen Kolonialtruppen, in den Kulissen des Walhalla-Theaters in Halle, 1909

sässig war. Stosch-Sarrasani als Zirkusdirektor und Milton als Regisseur testeten ihr Programm zunächst auf einer Tournee in Brandenburg, ehe sie ab April 1902 nach Meißen und in das Erzgebirge reisten.

Im ersten Sarrasani-Programm tauchte bereits jene bezaubernde Abenteuerthematik auf, die später ein wichtiges Leitthema für den Zirkus werden sollte: der Wilde Westen. Es gab 1902 einen Auftritt „Texas-Cowboys, Leben und Treiben in der Prärie", dargeboten von einem Reiter namens Schumann. Darüber hinaus reüssierte Direktor Sarrasani selbst als „unfehlbarer Wildwestschütze". Nachdem die legendären Schützen „Buffallo Bill", „Dr. William F. Carver" und „Annie Oakley" große Erfolge eingeheimst hatten, versuchte sich der eher talentlose Schütze Hans Stosch ebenfalls mit dem Gewehr: Sarrasani gab seit 1906 vor, auf südamerikanischen Großwildjagden zu einem phänomenalen Kunstschützen ausgebildet worden zu sein, der nun in der Manege seine Fähigkeiten zeigt. Tatsächlich waren die Schießkünste Sarrasanis erstaunlich, aber sie beruhten sämtlich auf Tricks und raffinierten technischen Lösungen. Sarrasani schoss derart schlecht, dass er sogar eine Hilfskraft, die weit neben einer Trickkiste stand, am Rücken verletzte. Indes dürfte ein solch einfacher Zugang zum Mythos eines Scharfschützen für den jungen Erich Rosenthal verlockend gewesen sein. In einer Zeit, wo die Legende des Wilden Westens kommerzialisiert wurde, war die artistische Nummer eines Präzisionsschützen, trickreich dargeboten, eine Garantie für Erfolg. Erich Rosenthal begann seine Laufbahn als Kunstschütze – eine der einfachsten Möglichkeiten, um in der Welt der Zirkusse und Varietés anerkannt zu werden.

Hans Stosch-Sarrasani, wie sich der Zirkusgründer nannte, erfüllte sich den Lebenstraum von einem Stammhaus in Dresden. Januar 1911 begannen die Bauarbeiten auf dem Carolaplatz, jenseits der Elbe auf Neustädter Seite. Aus eigenen Ersparnissen wurde der einst modernste Zirkusbau der Welt geschaffen, der mit einer Kuppelhöhe von 42 und einer Breite von 62 Metern, Zentraldampfheizung, Ventilation, Wasserspielen und einer versenkbaren Manege ein einzigartiges Monument des Erfolges war. Herbst 1912 eröffnete Sarrasani das Stammhaus mit einer ausverkauften, glanzvollen Veranstaltung.

Billy Jenkins war seit der zweiten Hälfte der zwanziger Jahre eine der großen Attraktionen von Sarrasani; seine Reit- und

28

Schießkünste, dargeboten im weißen Gala-Cowboy-Anzug – der übrigens nicht aus Leder, sondern aus Kordstoff bestand – mit riesigem Hut, wurde ein wichtiger Bestandteil des Zirkus. Die Zeitphase der häufigsten Engagements bei Sarrasani waren allerdings die dreißiger Jahre, vor allem die Zeit von 1936 bis 1938, als Jenkins mit dem Zirkus europaweit reiste.

Hans Stosch war nicht nur Hauptarbeitgeber, sondern ein guter Freund des Artisten. Diese Freundschaft bezog sich auch auf den am 15. April 1897 in Sorau/Schlesien geborenen Sohn des Zirkusgründers, Hans Stosch-Sarrasani jun. (1897–1941), der nach dem Tode des Vaters 1934 in Brasilien das Unternehmen weiterführte und zu Jenkins eine innige Beziehung entwickelte. Hans Stosch-Sarrasani jun. atmete Artistenluft von der Wiege bis zur Bahre. Seine Lebenserinnerung von 1940 trägt den bezeichnenden Titel: „Durch die Welt im Zirkuszelt". Sarrasanis „Ghostwriter" war Fred Hildenbrandt, ein nationalsozialistischer Feuilletonist und Freund des Zirkusdirektors.

Hans Stosch-Sarrasani sen. war ein zielstrebiger Mann, der es verstand, sämtliche ihm zur Verfügung stehende Energie auf seinen Lebenstraum zu fixieren. Einer dieser Träume war, erstmals in einem europäischen Zirkus im großen Stile echte Indianer auftreten zu lassen. Diese Absicht war schwierig zu verwirklichen, denn die Regierung der Vereinigten Staaten hatte eine Art Ausfuhrverbot für die indianische Urbevölkerung erlassen. Nach den vielen Massakern, welche die Weißen an den Indianern verübten, machte die Regierung der USA ein übersteigertes Schutzbedürfnis zur Politik, schuf Gesetze, die eine Beschäftigung von Indianern im Ausland nahezu unmöglich machten. Stosch-Sarrasani erhielt die Gelegenheit, eine Indianergruppe aus den Vereinigten Staaten nach Europa zu bringen, nachdem 1906 der Sioux Black Elk, dessen Name eigentlich Josef Xab-Panka lautete, mit großem Erfolg aufgetreten war. Eine Lithographie der renommierten Hamburger Plakatfirma Friedländer zeigt Sarrasani als Trapper, Black Elk im Indianerkostüm sowie den Cowboy Rodrigo in abenteuerlichem Ambiente vor einem Blockhaus.

Stosch-Sarrasani war nicht der erste deutsche Zirkusdirektor, der eine Gruppe amerikanischer Ureinwohner verpflichten konnte, denn die Hagenbecks holten sich 1910 Indianer verschiedener Stämme, darunter auch Sioux, nach Hamburg. Allerdings war das Medienspektakel, das Hans Stosch mit den Indianern bot, derart erheblich, dass das Thema Wildwest für lange Zeit mit dem Namen Sarrasani verbunden blieb. Die Vorgeschichte dieses Ereignisses verdient skizziert zu werden: Stosch-Sarrasani lernte einen Yankee namens Zack Miller kennen. Miller war der älteste von drei so genannten „Miller Brothers", die als deutschstämmige Geschäftsleute in dem 1907 gegründeten Bundesstaat Oklahoma lebten. Die Millers besaßen seit Gründung der Ranch im späten 18. Jahrhundert durch Colonel George Washington Miller in dem ehemaligen „Indian Territory" große Landflächen, betrieben Grundstücksspekulationen, Weizenanbau, bohrten nach Petroleum und besaßen eine Ranch bei der Stadt Bliss, die nach der Viehbrandzeichnung „101-Ranch" genannt wurde. Auf dem Gebiet lebten zahlreiche, den Millers freundschaftlich verbundene Indianergruppen. Die Brüder rekrutierten aus diesen amerikanischen Ureinwohnern und ehemaligen Cowboys der Ranch die „Miller Brothers 101 Real Wild West Show", die zur nationalen Sensation wurde. Die gigantische Show benötigte für ihre Darbietungen mit mehreren hundert Mitarbeitern riesige Freiluftarenen. Stars wie der schwarze Cowboy Bill Pickett, das erste Cowgirl Lucille Mulhall, Will Rogers und Tom Mix ermöglichten es, dass die Show allein im Jahre 1912 421 Aufführungen in zweiundzwanzig US-Staaten und drei kanadischen Provinzen hatte. Auf Plakaten wurde die Darbietung folgendermaßen angepriesen: „Real Wild West, 550 People & Horses, Historic and Instructive Tableaux." 1905 trat in Oklahoma sogar der ehemalige Kriegshäuptling der Chiricuaha-Apachen, Geronimo, in dem Spektakel auf. Obwohl in den Archiven der 101-Show die Namen Billy Jenkins/Rosenthal/Süßmilch nicht genannt werden, ist es möglich, dass der deutsche Artist als Teilnehmer einer der Side Shows nicht aufgelistet wurde. Der Ausbruch des Ersten Weltkrieges setzte dem Unternehmen ein Ende, da die Regierung Pferde und Fahrzeuge für den Krieg requirierte. Nach Kriegsende erwuchs beim Publikum erneut ein Bedürfnis nach sensationellen Cowboy-Stunts, sodass es in den Vereinigten Staaten zwischen 1883 und 1957 insgesamt 116 Wild-West-Shows gab.

Winter 1912, nach der Einweihung des Stammhauses Sarrasani, besuchte Zack Miller Dresden. Dieser idealtypische Yankee, auf dem neuesten Stand der Technik stehend, zeigte der staunenden Familie Sarrasani in einem Dresdner Kino einen Film seiner Show. Sarrasani und Zack Miller wurden sich einig, der Amerikaner fuhr mit dem Dampfer zurück nach New York, um die offizielle Genehmigung zu erhalten, eine Indianergruppe nach Europa zu bringen.

Zack Miller wurde angeblich persönlich bei dem Präsidenten der Vereinigten Staaten, William Howard Taft (1857–1930), vorstellig, um ihn für eine Ausnahmegenehmigung gegen geltendes amerikanisches Recht zu gewinnen. Mit der Allzweckwaffe Geld und einem umfangreichen Vertrag gelang ihm das Geschäft. Er erhielt die Erlaubnis, achtzehn Sioux-Indianer nebst familiärem Anhang nach Deutschland auszuführen. Für jeden Indianer musste eine hohe Kaution gestellt werden, die Sarrasani bezahlte. Die vertragliche Verpflichtung, jeden Indianer einmal in der Woche „einem Weibe zuzuführen", gehört ins Reich der Legende.

Sarrasani akzeptierte sämtliche Auflagen, sodass April 1913 der Schnelldampfer „Kronprinzessin Cecilie" – dasselbe Schiff, auf dem Karl May 1908 von Amerika nach Europa zurückkehrte – beladen mit Sioux-Indianern aus der Pine Ridge Reservation in South Dakota, die geleitet vom Cowboy Clarence Shoultz wurden, in Bremerhaven eintraf. Der erste Landgang überstieg alle Erwartungen des sensationshungrigen Publikums. Die Krieger erwiesen sich als schweigsam und zurückhaltend. Ihre Lieblingsbeschäftigung war die Körperpflege durch (billige) Parfums, Öle, Salben und Fette sowie die Gesichtsbemalung. Ihre Neigung zu Alkohol löste viele Turbulenzen aus, denn obwohl es vertraglich verboten war, berauschende Getränke an die Sioux auszugeben, kamen sie durch Tricks immer wieder in Besitz davon. Schlägereien und Randale in der Stadt waren die Folge. Eine Neigung zum extremen Rauchen war unübersehbar. Als Juli 1914 Häuptling „Two-Two" starb, hatte er angeblich in der Nacht zuvor achtzig Zigaretten geraucht. Der Indianer wurde vertragsgemäß in seinem Zelte aufgebahrt und einbalsamiert. Ein katholischer Geistlicher leitete die Totenfeier, denn die Indianer legten eine Zuneigung zum römisch-katholischen Ritus an den Tag und besuchten gerne und häufig sonntägliche Messen. Die Beerdigung des Häuptlings „Two-Two" wurde ein Medienspektakel mit erheblichem Werbe-Effekt für Sarrasani. Das Grab des Häuptlings wird noch heute von einem Radebeuler Indianer-Club gepflegt.

In den zwanziger Jahren gastieren zahlreiche Indianer-Gruppen bei Sarrasani, die der ehemalige Vormann der 101-Show, Clarence Shoultz, vermittelte. Billy Jenkins als „Show-Cowboy" durfte dabei nicht fehlen: Am 3. März 1927 erfolgte ein Triumphzug durch Berlin vom Kaiserdamm nach dem Roten Rathaus, voran paradierten

Jenkins Mitte der zwanziger Jahre

Jenkins und Häuptling Big Snake (Susetscha Tanka = Große Schlange). Stosch-Sarrasani sen. trug ein historisches Cowboy-Kostüm, sein Pferd war mit einem mit Sterlingsilber beschlagenen Sattel aus dem angeblichen Besitz des Kaisers Maximilian von Mexiko (1832–1867) versehen. Stosch-Sarrasani verschenkte diesen Sattel später an Jenkins, heute gilt er als verschollen. Die näheren Umstände seines Verschwindens werden weiter unten im Text behandelt.

Auf dem Dresdner Bahnhof wurden die Indianer von einem gespannten Publikum, der politischen und kulturellen Prominenz sowie dem Sarrasani-Ensemble empfangen. Ein Erlebnisbericht von Hans Stosch-Sarrasani mit Fotografien ist erhalten geblieben, der die zentrale Rolle von Billy Jenkins bei dem Spektakel dokumentiert. Er tritt in der Parade vom Bahnhof zum Stammhaus im weißen Gala-Cowboy-Anzug mit perlenbestickter und mit indianischen Motiven versehener Weste auf und schwenkt, umringt von gravitätisch schreitenden Indianern mit Federhaube und Kriegsbemalung, den riesigen Hut, unter dem das blonde, zurückgekämmte Haar zu sehen ist.

Der Auftritt von Häuptling White Horse Eagle – der am Grabe Karl Mays eine Rede hielt und einen Kranz niederlegte – im Jahre 1929 im Stammhaus Sarrasani in Dresden war ebenso spektakulär wie derjenige von den Häuptlingen Black Horn (1926) und Big Snake (1927). Der sächsische Zirkus war in den zwanziger Jahren zum Synonym für großartige, geschickt in das Programm integrierte Indianerauftritte geworden.

Jenkins Mitwirkung bei den Vorstellungen der Rothäute war obligatorisch, das Publikum wollte den Westmann leibhaftig mit seinen indianischen Freunden sehen, die nicht selten geschminkte Bleichgesichter vom „Manitou"-Indianerclub in Dresden waren. Der Cowboy zeigte bei den Darbietungen seine Schieß- und Reitkünste. Beim Schlusstableau, wo alle Mitwirkenden sich den Zuschauern präsentieren, posierte Jenkins in der Mitte der Manege, umgeben von prachtvoll ausstaffierten Indianern mit Federschmuck und Originaltracht. Jenkins verbrachte als „Show-Cowboy" die Zeit zwischen den Auftritten mit den indolenten amerikanischen Ureinwohnern. Fotografien zeigen ihn gemeinsam mit den Indianern während des Speisens oder bei Rundgängen durch die Stadt.

Kehren wir nach dem Ausflug zum Zirkus in die Zeit kurz vor dem Ersten Weltkrieg zurück. Während einer Ausstellung der deutschen Kriegsmarine im Jahre 1907 lernte Jenkins seine langjährige Partnerin Olly Egidy kennen. Als „Miss Margo Astoria und Billy Jenkins" wurden die beiden Partner bekannt. Ein artistisches Fachblatt, „Das Programm" N. 612, vom 28. Dezember 1913, kündigt die beiden folgendermaßen an:

„La Belle Margo and Billy Jenkins with his Cowboys. Greatest Show in existance. Sensation. Shooting of a Piano. In american Cowboy revelries. Worlds-Record. Original Quick Firing, Flying Ball Shooting. Bullwhip Expert. Ropespinning. Sharpshooting."

Ab August 1913 traten Margo und Billy nachweisbar in Frankfurt am Main (Albert-Schumann-Varieté), Leipzig (Krystall-Palast), Prag (Tichy-Varieté), Wien (Colosseum) und Budapest (Fövarosi Orpheum) auf. Die Engagements wurden teilweise ohne, teilweise mit Agentur (Hugo Neubauer's Agentur, Wien Schilling Gasse 6) eingegangen.

Billy, der angeblich mehr als 30 000 Patronen im Jahr verschoss, besaß einen Exklusivvertrag mit der Rheinisch-Westfälischen

Sprengstoff AG, die ihn mit hochwertiger Munition versorgte. Vermutlich verwendete er schwach laborierte Schrotpatronen für Zirkuszwecke. Von kulturgeschichtlicher Bedeutung ist eines der ersten Reklamefotos der Rheinisch-Westfälischen Sprengstoff AG von Oktober 1909 [Datierung umstritten; evtl. 1903], auf dem der junge, auf den Betrachter mit einem Revolver zielende Jenkins für die Firma wirbt. In den zwanziger Jahren trug ein farbiges Plakat den Slogan: „Billy Jenkins schiesst nur mit Randfeuer-Patronen (Munitionsfabrik Nürnberg)." Auf Werbefotografien der frühen Jahre nannte er sich auch „E. Bill Jenkins. Sharpshooter" oder – halb Englisch, halb Französisch – „Captaine Bill Jenkins". Der Künstlername Billy Jenkins, mit dem er in die Artistengeschichte und Trivialliteratur Eingang fand, entstand ca. 1909.

Jenkins schoss mit dem Revolver eine Melodie auf einem Glockenspiel und durchbohrte mit verbundenen Augen rückwärts schießend eine Visitenkarte. Der attraktivste Gag war gewiss, wenn Olly ein Kleid mit Trickknöpfen trug, die Billy wegschoss. Zur Verblüffung des Publikums fiel das Kleid nieder, und die Dame stand in Korsage in der Manege. Das Team gastierte in vielen europäischen Städten und Südamerika – worauf Billy in einem Brief vom 17. Mai 1936 an Familie Lorenz hinweist – und gab angeblich 1910 in Moskau eine Separatvorstellung vor Zar Nikolaus II. Jenkins betonte später, dass er auf diesen Touren „viel Geld verdient habe".

Billy meldete sich angeblich als Kriegsfreiwilliger und wurde zur Marine-Infanterie unter Admiral von Schroeder, dem „Löwen von Flandern", beordert. Der Artist erhielt vom Kronprinzen das Eiserne Kreuz und bekam den Auftrag, bei der Marine-Division I in dem belgischen Fischereihafen und Seebad Ostende Unterhaltungsabende für Offiziere und die Lazarett-Betreuung zu organisieren. Er war im Stadttheater für die Bühneneinrichtung sowie das Engagieren der Künstler zuständig und trat in der neuen Rolle als Zauberkünstler, Bauchredner und Schattenspieler auf.

Die Mehrfachbegabung von Jenkins zeigte sich auch in anderer Hinsicht: Harry Piel (1892–1963), Produzent und Darsteller von Abenteuerfilmen, war auf Jenkins Künste aufmerksam geworden und engagierte ihn für Dreharbeiten. Piel, dessen Vorname Heinrich lautete, wurde in Düsseldorf geboren; er gründete, nachdem er versucht hatte, in Paris Kunstflieger zu werden, 1912 eine Produktionsfirma für Unterhaltungsfilme. Der abenteuerliche Erfolgsfilm „Schwarzes Blut" mit Curt Goetz in der Hauptrolle eines Mörders machte Piel bekannt. Frühjahr 1915 führte er Regie in einem Film mit dem kuriosen Titel „Der Bär von Baskerville". In dem für eine Berliner Produktionsfirma namens „Projektions AG Union" (PAGU) gedrehten Film übernahm Jenkins die Lassoarbeit. Die Dreharbeiten fanden Frühjahr 1915 im Union-Atelier in Berlin-Tempelhof statt. Billy trat lassoschwingend als Lichtdouble auf und ist deshalb kaum zu identifizieren. 1922 spielte er in dem ebenfalls in Berlin produzierten Film „Die Ranch auf dem Pulverfass" mit. Auf einem Szenenfoto, das angeblich Jenkins zeigt, geht er – mit ledernem Beinschutz, kariertem Hemd, Halstuch und wirrem Haarschopf – seinem Gegner vor einem felsigen Hintergrund an die Kehle. Seine Karriere hätte möglicherweise durch das Filmgeschäft eine andere Richtung nehmen können; er trat allerdings nur als Double oder Stuntman auf. Gleichwohl erinnerte sich Jenkins in einem Brief an die gut bezahlten „Kinoaufnahmen". Der wahre Grund für die Absage an das Filmgeschäft ist schwierig zu belegen. Angeblich soll Jenkins geklagt haben: „Denen beim Film gefällt meine Visage nicht!" Später gab es noch mindestens einen Filmauftritt: 1939 spielte er als Lassokünstler in dem deutschen Film „Der Brand im Ozean" mit; die Hauptrolle hatte René Deltgen. In einer Szene ist Jenkins am Strand mit einem geschwungenen Lasso zu sehen.

Bei der „101 Ranch Show" arbeitete Tom Mix (1880–1940), dessen bürgerlicher Name Thomas Hezikiah Mix lautete. Das Leben von Tom Mix war möglicherweise eine der Quellen, aus der Jenkins seinen eigenen Mythos konstruierte. Die biographischen Angaben über Tom Mix waren bis zur kritischen Erforschung seines Lebens ebenfalls nicht frei von Halb- und Unwahrheiten, es gab – wie bei Billy – „mythical law enforcement adventures", wie Paul E. Mix schrieb. Mix war angeblich Sheriff und Marshall in mehreren US-Bundesstaaten sowie Texas Ranger, was nicht wahr ist. Solche Verbrämungen der eigenen Lebensgeschichte durch phantastische Hinzufügungen waren bei Künstlern nicht selten – weder Tom Mix, noch Hans Stosch-Sarrasani oder Billy Jenkins waren frei davon, denn der Mythos, nicht die Wahrheit, lässt das Geld in der Kasse klingeln.

Der in Pennsylvania geborene Mix arbeitete als Cowboy und Soldat und nahm am amerikanisch-spanischen Krieg teil. Von 1906 bis 1909 war er Mitglied der 101 Show und – im Gegensatz zu Billy – nachweisbar „the 101 Ranch Champion All-Around Cowboy or

King of the Cowboys", bis er Berater für Colonel Seligs Western-film-Produktionen sowie Stuntman wurde. Sein Debüt als Schauspieler erfolgte in dem Kurzstreifen „Ranchlife in the Great South-West". Bis 1917 schuf er in eigener Regie zahlreiche Ein- und Zweiakter. Die oft kolportierte Angabe, Billy habe in zwei Tom-Mix-Filmen mitgespielt, gehört ebenfalls ins Reich der Legende, denn die Tom-Mix-Biographie von Paul E. Mix aus dem Jahre 1995, zu der eine Filmographie gehört, enthält die Namen Jenkins, Rosenthal oder Süßmilch nicht.

Das Verhältnis von Jenkins zu Tom Mix ist von Halb- und Unwahrheiten bestimmt, die der Artist 1950 in Dortmund bei einem Gespräch mit Kurt Klotzbach in die Welt setzte. Der Biograph Paul E. Mix übernahm kritiklos Klotzbachs Angaben, die ebenso nachweisbar geflunkert waren wie diejenigen des NWDR-Interviews ein Jahr später: Billy – in der Mix-Biographie „the German Buffallo Bill" genannt – betonte, dass er von Mix sämtliche Cowboy-Fähigkeiten erlernt habe, vor allem das Trick-Roping. Er betont, dass Mix bei der 101-Ranch-Show sein Boss gewesen sei und er als „show rider, bull rider and bronco buster" sowie als „sharp shooter and lasso champion" gearbeitet habe. Jenkins behauptet, er wäre „one of Tom's sidekicks at the 101 Ranch (...) This was no soft job at all that I experienced myself when I was once deputy in Oklahoma. During all my life I never had a better friend than Tom." Es folgt die Legende vom Beitritt zur Military Volunteer Cadet School und die Rückkehr nach Deutschland 1907. Später soll Jenkins in den Vereinigten Staaten bei Ringling Brothers, dann bei Barnum & Baily gearbeitet haben, ehe er in Deutschland bei Sarrasani auftrat. „At last", sagt Billy, „I opened my own circus."

Es ist nicht auszuschließen, dass sich Jenkins und Mix bei der 101-Show begegnet sind. Voraussetzung für diese Begegnung ist, dass Jenkins in der einen oder anderen Weise für die 101-Show gearbeitet hat, was anhand des Archivmaterials nicht beweisbar ist. Angeblich hat Tom Mix 1939 seinen letzten Brief, der mit Erinnerungen an die gemeinsame Zeit bei der 101-Ranch-Show angefüllt ist, an Jenkins geschickt. Der deutsche Künstler traf vermutlich erst 1925 bei einem Pfadfindertreffen in Köln auf Mix, wo Billy den bekannten Filmstar beim Unterschreiben von Autogrammen und beim Verkauf von Stetsons beobachtete. Tom Mix zog sich in den dreißiger Jahren, nachdem er in zahlreichen Filmen gemeinsam mit dem Pferd Tony der erfolgreichste und populärste Glamour-Cowboy geworden war, aus dem Filmgeschäft zurück und reiste mit einem eigenen Zirkus durch die USA und Europa. 1939 tourte Tom Mix mit dem Hamburger Zirkus Belli durch Dänemark, demselben Zirkus, mit dem Jenkins um 1930 durch Skandinavien und Holland reiste. Mix starb in den Vereinigten Staaten bei einem Autounfall.

Der Erste Weltkrieg hatte für das Artistenmilieu verheerende Auswirkungen. Die 101-Show sowie viele andere Wildwest-Wandergruppen in den Vereinigten Staaten mussten ihre Auftritte einstellen. Der Zirkus Sarrasani, vor Kriegsbeginn ein gern gesehener Gast im europäischen Ausland, durfte in Großbritannien und Frankreich nicht auftreten und hielt sich mühsam mit kriegsverherrlichenden Sondervorstellungen am Leben. Die Artisten, aus allen Teilen der Welt stammend, strebten während des Waffenganges zu ihren Armeen, um dem Vaterland den traurigen Dienst zu leisten. Georg Rosenthals Varietés in Berlin und Halle waren am Kriegsende fast pleite, da das durch den „Kohlrübenwinter" 1916/17 ausgezehrte Publikum kein Interesse an Unterhaltung hatte, und die nachfolgenden inflationären Jahre waren für das Gedeihen von Zirkus- und Varieté-Unternehmen ebenfalls kein geeigneter Boden.

Jenkins beruflicher Werdegang wurde vom Kriegsende erheblich betroffen, denn nach der Kapitulation Deutschlands November 1918 war deutschen Staatsbürgern der Besitz und Gebrauch von Schusswaffen untersagt. Der Artist verbarg sein Waffenarsenal und verdingte sich unter anderem als Bauchredner, Zauberer und Musical-Clown, der das Publikum mit Violine und Ziehharmonika zum Lachen brachte. Belegt ist ein Gastspiel-Aufenthalt Juni 1920 in Wien, von wo er seiner Mutter eine Postkarte folgenden Inhalts schrieb:

„Wien, 5. 6. 20
Liebes Muttchen!
Da ich dies Monat noch nicht kommen kann, sende dir dafür mein Bild mit meinem Liebling. Gruhs und Kuss dein Junge."

Auf der Vorderseite der im Wiener Prater aufgenommenen Postkarte ist Jenkins in Cowboykleidung mit seinem „Liebling", einem weißen Pferd, zu sehen. Billy trägt auf diesem Foto den „Lanyard-Ring", ein beim damaligen Militär übliches Seil, das, um die Schulter geschlungen, an einer Revolver-Öse endet. Der Ring diente

Jenkins in Wien, 1920

dazu, die Drehpistole nicht zu verlieren und war unter anderem bei den „Reichsrevolvern" M/79 und M/83 sowie bei der britischen Armee üblich. Die Karte war adressiert an „Frau Elfriede Rosenthal. Deutschland-Berlin-Tegel, Gaswerk VI, Kantine, Berliner Straße 50", vermutlich die Arbeitsstätte seiner Mutter, deren fester Wohnsitz seit September 1919 Konradshöhe, Habichtstraße 8 war.

Jenkins erhielt Anfang der zwanziger Jahre ein Engagement beim ungarischen Zirkus Beketow, der eine Gastspielreise durch Italien unternahm, wo es kein Waffenverbot gab und der Artist bei einem Büchsenmacher in Genua neue Präzisionswaffen erwerben konnte. Der Künstler agierte als Scharfschütze im Mailänder „Teatro dal Verne", wo er als „Il rei dei cowboys" reüssierte. Die Fachzeitschrift „Das Programm", Nr. 1000, bestätigt, dass der Zirkus Beketow 1921 in Triest gastierte. Es folgten vermutlich Auftritte im mediterranen Raum, zum Beispiel in Spanien, wo Jenkins angeblich bei einem Stierkampf verletzt wurde. Das Heft „Billy – König der Cowboys" berichtet von dieser Episode, die allerdings nicht nachweisbar ist. März 1921 trat er als Kunstschütze in Deutschland auf. In Hannovers Tivoli wurde der Auftritt folgendermaßen angekündigt: „Das lebende Maschinengewehr. Billy Jenkins. Cowboy-Act."

Für die Jahre 1923–24 verliert sich die Spur des Artisten, vermutlich tourte er mit dem Zirkus Beketow durch Mittelmeer-Länder. Der Künstlername Billy Jenkins wurde infolge der zahlreichen Auftritte in Deutschland ab der zweiten Hälfte der zwanziger Jahre so populär, dass er vermarktet werden konnte. Ein Inserat von Januar 1927, das einen Auftritt im Leipziger Varieté Drei Linden ankündigt, enthält folgenden Hinweis:

„Riesen-Reklame-Material vorhanden! 20 000 buntfarb. Lithos in 10 verschiedenen Ausführungen. 50 verschiedene Klischees. Prospekt-Album. B. Jenkins Zigaretten. B. Jenkins Souvenir-Kravatten-Nadeln. B. Jenkins Jagd- u. Abenteuer-Bücher u.s.w."

Die Produktion von Jenkins-Romanen zu Beginn der dreißiger Jahre war logische Konsequenz einer langfristigen Werbestrategie. Der Name Jenkins war durch die zahllosen Manegen-Auftritte derart bekannt geworden, dass die Leipziger Vereinigte Verlagsgesellschaft Werner Dietsch-Verlag/Speka-Verlag, Langestraße 34, ohne Geschäftsrisiko die Produktion der Heft- und Buchserie aufnehmen konnte.

Das Waffenverbot, das Jenkins vorübergehend durch berufliche Umstellung auf Clownerie und Engagements im Süden Europas umging, hatte für ihn eine Erweiterung seiner Fertigkeiten zur Folge. Der Artist verwirklichte seinen Lebenstraum während der Ruhepausen zwischen den Tourneen in der Abgeschiedenheit des Berliner Ansitzes: Er begann mit der Dressur von Greifvögeln. Während in den zwanziger Jahren diese Fähigkeit bei seinen Auftritten eine untergeordnete Rolle spielte, rückte in den dreißiger Jahren die Greifvogeldressur in den Vordergrund. Die verfeinerte Kunst, mit kleinen und großen Greifvögeln Beizjagden und Tricks auszuführen, machte Jenkins zu einem der bedeutendsten Vogeldresseure aller Zeiten.

2. Die Billy-Jenkins-Farm

Als sich um die Jahrhundertwende die Hauptstadt Deutschlands ausdehnte, suchten viele Bürger eine ruhige Wohnstätte abseits des Großstadtlärms. An der Peripherie der Metropole entstanden kleine Siedlungen, die lediglich auf unbefestigten Fahrwegen zu erreichen waren. Auch im heutigen „Grünen Nordwesten Berlins" bildeten sich Ortsteile, die nicht, wie zum Beispiel das Angerdorf Heiligensee, auf eine bis ins Mittelalter zurückgehende Geschichte blicken konnten. Die neuen Siedlungen entstanden oft spontan im märkischen Umland auf ehemaligen Feld-, Heide- oder Waldflächen. Auch das „Heiligenseer Hinterfeld" mit den Flurbezeichnungen Havel-, Lehmkuten- und Dornenstücke, das seit dem 18. Jahrhundert bestellt und gerodet wurde, zeugte von Waldeinsamkeit und sandigem, unfruchtbarem Boden. Als nach Durchführung der Flurbereinigung in den fünfziger Jahren des vorigen Jahrhunderts die Bauern frei über Grund und Boden verfügen konnten, veräußerten sie die Heideflächen an kaufkräftige Bürger. In die bisher kaum besiedelte Gegend zogen ehemalige Großstädter.

Der Berliner Kupferschmiedemeister August Friedrich Theodor Rohmann erwarb 1865 Grundbesitz am Havelufer. Er erbaute auf dem höchstgelegenen Teil des Ortes eine Kupferschmiede und benannte die Siedlung nach dem Namen seines ältesten Sohnes Conrad. Aus der Kupferschmiede entwickelte sich eine Ausflugsgaststätte mit einer Anlegestelle für Fahrgastschiffe. In der ehemals baum- und buschreichen Heidelandschaft entstand an der Durchgangsstraße ein Platz, von dem sternförmig die Fahrwege zu den vereinzelt stehenden Häusern abzweigten. Die Bevölkerung bestand aus kleinen Gewerbetreibenden und Handwerkern, aber auch Unternehmer und Bankiers zählten zu den sozialen Gruppen, die in Konradshöhe wohnten. Da für die Waldbereiche ein Industrieverbot bestand, blieb der ursprüngliche Charakter des Gebietes weitgehend erhalten. Nur der „Schwarze Weg", eine sandige Bahn, die durch dunkle Kiefernwälder in der Nähe des Sees entlangführte, verband den Ort mit dem Dorf Tegel, zu dem übrigens der Wohnsitz Wilhelm von Humboldts, das Schloss Tegel, gehört. Die Vogelperspektive bietet dem Betrachter ein naturnahes Bild: Das breite Flussbett der Havel, die märkische Waldlandschaft, eingebettet zwischen dem Heiligen- und Tegeler See, und die durch

Die Jenkins-Villa in Berlin-Konradshöhe – heutiger Zustand

viel Grün aufgelockerte Besiedlung sind ein Beispiel dafür, was der Berliner als „jwd" (janz weit draußen) bezeichnet. Noch heute sagen Konradshöher, sie fahren „in die Stadt", wenn sie die City Berlins besuchen wollen.

Nach dem Ersten Weltkrieg hatte die Reichshauptstadt für die Nachbargemeinden an Bedeutung gewonnen. Die Straßenbahnen verbanden viele Vororte mit Berlin, und die wirtschaftliche und kulturelle Verflechtung nahm ein Ausmaß an, das die Eingemeindung der Siedlungen erforderte. Am 1. Oktober 1920 trat das von der Preußischen Landesversammlung beschlossene Gesetz über die Bildung der Einheitsgemeinde Groß-Berlin in Kraft. Das Dorf Heiligensee, zu dem Konradshöhe gehörte, wurde Teil des Bezirkes Reinickendorf, der nach dem größten Dorf der neugebildeten Verwaltungseinheit benannt wurde.

Dezember 1912 erwarb Jenkins Vater, Georg Rosenthal, in Konradshöhe ein Grundstück, das an der Durchgangsstraße nach Tegelort liegt. Er kaufte später ein benachbartes Flurstück dazu, sodass die Liegenschaft ca. 3500 Quadratmeter betrug. Der Voreigentü-

41

mer, Paul Thomas, hatte auf dem Gelände ein Landhaus errichtet, das Rosenthal zu vergrößern beabsichtigte. In der Ortsmitte befindet sich das noch heute mit Kiefern bestandene Grundstück, das inzwischen durch Parzellierung verkleinert wurde.

Das Bezirksamt hatte die bisher willkürlich betriebene Benennung der Straßennamen aufgehoben: Die Straßen der Waldsiedlung erhielten die Namen einheimischer Greifvögel zugeteilt, Rosenthals Adresse war Habichtstraße 8. Im Jahre 1925 nahmen Georg und Elfriede Rosenthal die Vergrößerung des Hauses in Angriff. Am 30. November 1925 wurde von der Reinickendorfer Baupolizei der Bauschein für eine verhältnismäßig große Entwässerungsanlage mit Sickergrube erteilt; das Dokument wurde von Oberbaurat Nannenberg unterzeichnet. Als Bauherr fungierte Elfriede Rosenthal – möglicherweise ein früher Hinweis auf die angegriffene körperliche Verfassung ihres Mannes. Die Firma Richard Schimmeyer führte die Drainage-Bauarbeiten aus. Für die Eröffnung eines Restaurationsbetriebes war diese Baumaßnahme eine Voraussetzung. Rosenthal erweiterte das Haus zu einer für die

Gretel Buggisch, Max und Else Schultze (v. l. n. r.) im Garten des Cafés Süssmilch, Mitte dreißiger Jahre

zwanziger Jahre typischen Vorstadtvilla mit einem Stockwerk, Satteldach und Balkon, der nach der Straße hin angebaut ist. Der Rohbau, September 1928 fertig gestellt, wurde von Maurermeister August Mutschke, Neukölln, Schickestraße 35, ausgeführt. Eine Niederdruck-Warmwasserheizung sorgte in den Schank- und Privaträumen für behagliche Wärme. In dem aus vier Zimmern bestehenden Obergeschoss befanden sich die Privaträume, im Untergeschoss lagen Küche und Schankraum. Rechter Hand neben dem noch heute existierenden Gebäude lag ein großer, mit Kiefern bestandener Garten.

Die Rosenthals erhielten am 16. Januar 1929 die baupolizeiliche Genehmigung für die Eröffnung eines Restaurationsbetriebes mit Gartenausschank. Das Restaurant Süßmilch, nach Rosenthals populärem Künstlernamen benannt, besaß einen „Saal für Vereine und Festlichkeiten", wo „Speisen und Getränke zu soliden Preisen" angeboten wurden, wie Eintragungen in den Bauzeichnungen und Werbetafeln verkündeten. Das Gartenlokal entwickelte sich bis in die dreißiger Jahre hinein zu einem viel besuchten Anziehungspunkt. Zeitzeugen berichten, dass die Gemeinde am Pfingstsonntag bei schönem Wetter stets einen Festumzug veranstaltete. Von einer Tegelorter Gastwirtschaft aus setzte sich eine kleine Kapelle und eine feuchtfröhliche Bürgerschaft lautstark musizierend in Richtung Café Süßmilch in Bewegung, wo die Parade von einem deftigen Umtrunk gekrönt wurde. Rosenthal arbeitete nicht mehr als Schausteller; für ihn bedeutete der Betrieb der Gastwirtschaft ein Renteneinkommen und die Chance, geselliger Anlaufpunkt des Ortes zu sein. Georg Rosenthal war von Beruf Schausteller, Varietédirektor und Gastwirt; er liebte die Zirkuswelt, das Spiel, die Frauen und die Musik. Der vielseitige Künstler begleitete häufig seine Frau auf dem Klavier, wenn die Konzertsängerin Lieder vortrug. Ende der zwanziger Jahre gastierte im Café Süßmilch auf Einladung Rosenthals eine russische Gesangsgruppe.

Jenkins Vater starb am 9. März 1932 im sechsundsechzigsten Lebensjahr in der Berliner Charité infolge Mastdarmkrebses. Sein letzter Wohnort war Habichtstraße 8 in Reinickendorf, Sterbeort Schumannstraße 20/Berlin-Mitte, im Haus am ehemaligen Haupteingang des Krankenhauses. Auf Anforderung von Patientenunterlagen antwortete die Universitätsklinik in einem Schreiben vom 5. August 1998 an den Verfasser, dass die gewünschten Unterlagen, da die gesetzliche Aufbewahrungsfrist abgelaufen ist, nicht mehr vorhanden sind. Der Leichnam Georg Rosenthals wurde – wie derjenige seiner Frau – im Krematorium Gerichtstraße/Berlin-Wedding eingeäschert, die Urne in einem Wandfach verwahrt. Später erhielten die beiden Aschegefäße auf dem Friedhof eine anonyme Bestattung. Nach dem Ableben des Vaters „markierte" Jenkins „für zweieinhalb Jahre den Gastwirt", um seine Mutter zu unterstützen, wie er in einem Brief schrieb.

Für Jenkins war das Anwesen Zuflucht nach Zeiten seelischer und körperlicher Verletzungen sowie Ort für die Einübung neuer Greifvogel-Dressuren. Auf der Rückseite einer Fotografie, die ihn paradierend auf dem Pferd Teufel zeigt, schrieb er eine Widmung an eine Bekannte in Konradshöhe: „Zur freundlichen Erinnerung an Frl. Muschner gewidmet von Billy Jenkins. Circus Schneider. Berlin 1927." In den dreißiger und vierziger Jahren lebte der Artist häufig für lange Zeit in Konradshöhe. Er schrieb, dass er sich nach Engagements oft nach Reinickendorf zurückzog, um „Neuheiten & Sensationstricks" zu erarbeiten. Der Artist wurde zu einem der prominentesten Anwohner der Waldsiedlung.

Den ersten Genesungsaufenthalt in Reinickendorf unternahm Jenkins in den zwanziger Jahren, nachdem er angeblich bei einem Stierkampf in Spanien sämtliche Vorderzähne verloren hatte. Ehre gebührt seinem Dentisten, denn auf allen Fotografien zeigt der Held ein prächtiges, perlenglänzendes Gebiss. Er zog sich nach dem Vorfall zur Genesung und Reparatur des Kauwerkzeuges nach Reinickendorf zurück. Ein weiterer Grund für den Rückzug auf den Berliner Ansitz war eine enttäuschte Liebe: Der Artist erhielt vom Zirkus Geschwister Birkeneder ein Engagement für eine Europatournee. Ein bayerisches Zeitungsinserat [Nördlinger Anzeiger, 23. Oktober 1925] preist das Oktoberfest-Programm des Zirkus an:

„Billy Jenkins, der aus Wildwestfilmen wohl bekannte amerikanische Cowboy, zeigt sich in seiner Originalwildwestshow als unübertrefflicher Kunst- und Scharfschütze, Schnellfeuerschütze, Lassokünstler, Präriebullenpeitschenkünstler."

Jenkins verlobte sich angeblich mit der Tochter des Direktors, die kurz darauf an einer Lungenentzündung starb. Dieser Verlust traf ihn hart, sodass er vorübergehend in depressive Stimmung geriet. Jenkins hatte anscheinend ernste Absicht zur Eheschließung

44

Perm. Adr.:

Billy Jenkins, Farm.
Berlin, Tegel-Konradshöhe
Habichtstr. 8 — Phone C O ·

Jenkins paradiert auf einem Pferd, mit Stempel der Jenkins-Farm,
1927

Jenkins, Gretel Buggisch, Elfriede Rosenthal und ihre Schwester Therese (v. l. n. r.) im Garten des Cafés Süssmilch, im Vordergrund Billys Leibarzt Dr. Henseler, Mitte dreißiger Jahre

Elfriede und Georg Rosenthal mit Gretel Buggisch im Garten des Cafés Süssmilch, ca. 1930

gehabt, wollte seiner chaotischen Existenz, die es rastlos von Manege zu Manege trieb, einen Lebensmittelpunkt geben. Schicksal, Neigung und Beruf begünstigten das Dasein eines „lonesome riders", des einsamen Cowboys, der sein Leid hinter einer Maske verbirgt.

Seine Mutter Elfriede Rosenthal, geborene Fischer, starb am 10. Oktober 1935 im neunundsechzigsten Lebensjahr infolge eines Herzschlages in Konradshöhe. Ihr Leichnam wurde – wie aus dem Friedhofsbuch hervorgeht – am 15. Oktober um 16.30 Uhr im Krematorium Gerichtstraße/Berlin-Wedding eingeäschert. Wie ein Artikel der Zeitschrift „Die deutsche Artistik" vom 20. Oktober 1935 mitteilt, waren viele Artisten und Bekannte bei der Beerdigung der beliebten Frau zugegen. Billy Jenkins dankte der Direktion Severitt (Hannover, Tivoli-Theater) „für das Entgegenkommen der Vertragsverlegung auf ein anderes Datum." Er trat im Tivoli-Theater vom 10. bis 30. November 1935 auf.

Der Artist taufte nach dem Tode der geliebten Mutter das Reinickendorfer Haus in „Villa Elfriede" um. Er übernahm durch Erbschaftsantretung die Schulden, die durch den Erweiterungsbau auf der Liegenschaft lagen. Nach Jenkins Angaben [Brief vom 4. November 1935] hinterließ ihm Elfriede 38 000 Mark, denen 36 000 Mark Schulden gegenüberstanden. Für „das Feld nebenan" kam eine jährliche Abzahlungssumme von 315,– sowie 128,– Mark Steuerzahlung dazu. Er vergab einen Teil des Hauses als Mietwohnung, doch die Anlieger blieben für vier Monate, von November 1936 bis Februar 1937, die Zahlung von monatlich 55,– RM schuldig. Die Mieter mahnten gegenüber der Baupolizei die Instandsetzung der Wohnung an, ein längerer Briefwechsel zwischen Jenkins und der Behörde war die Folge.

Nach dem Tod der Mutter verpachtete Billy das Café Süßmilch an die ehemalige Haushälterin seiner Eltern, Gretel „Gretchen" Buggisch (Jahrgang 1911). Die dunkelhaarige, auf Fotografien ernst dreinblickende junge Frau hatte jahrelang als „Mädchen für alles" im Haus und in der Gastwirtschaft der Rosenthals gearbeitet. Auf einer Fotografie von ca. 1930 serviert sie im Garten den Rosenthals Kaffee. Der pyknische Typ Georg Rosenthal, mit Fliege und Elbsegler, sitzt neben seiner blonden, kurzhaarigen Frau Elfriede, die auf dem Arm einen Zwergschnauzer hält. Angeblich war die Bezahlung der Bediensteten im Hause Rosenthal recht knausrig.

Gretel Buggisch heiratete 1935 im Café Süßmilch. Auf dem Hochzeitsfoto sind unter anderem Jenkins, seine Mutter sowie das Brautpaar, Gretel Buggisch und Werner Wilhelm Knuth (1909–1945), zu sehen. Auf einem anderen Foto dieser Zeit steht Jenkins neben Frau Buggisch, seiner Mutter Elfriede, deren Schwester Therese – die angeblich nach den USA auswanderte – und seinem Hausarzt Dr. Henseler. Es gab Mitte der dreißiger Jahre mehrere Überfälle auf das Restaurant; die Demolierungen und Plünderungen wurden erst eingestellt, als Jenkins die Gaststätte schloss. Der Tod von Elfriede Fischer führte bei Jenkins zu depressiven Anwandlungen. Von der Sarrasani-Deutschland-Tour im Jahre 1936 schrieb er traurig gestimmte Postkarten an Familie Lorenz: „Man trudelt so in diesem sauren Beruf durch die Welt." Die Tour führte ihn zu Ostern nach Neumünster, es folgten Flensburg, Kiel, Lübeck, Paderborn, Hildesheim, Braunschweig, Aschersleben, Chemnitz, Leipzig, Halle, Brandenburg, Potsdam und Berlin-Spandau. Er wohnte während des Engagements aus Kostengründen in einem Wohnwagen. Hinter der Fassade des Glamour-Cowboys sah es traurig aus: „Mir geht es soweit ‚danke' den ich arbeite, wen es auch oft schwer fällt & die nun über 50-jährigen Knochen oft wehtun vom Reiten, Reisen, Arbeit, Schwitzen, keinen Schlaf durch vieles Reisen, so ist unsereiner zufrieden im Engagement zu sein. Leider bin ich in letzter Zeit sehr sehr nervös geworden."

Der über Fünfzigjährige deutet in einem Brief vom 18. November 1936 an Familie Lorenz auch in sexueller Hinsicht Einbußen an: „Euer neues Nest werdet ihr ja auch wohl eingerichtet haben, hoffe das es nicht mehr von euch jungfräulich geblieben ist. Wollte mich für derartige Zwecke eigentlich als Aushilfsmann anmieten lassen, aber geht ooch nich mehr: Der Draht reicht nich als Antenne aus."

September/Oktober 1936 tourte er mit Sarrasani durch Mitteldeutschland. Die Stationen waren Hildesheim (bis 3. September), Aschersleben (4.–6. September), Chemnitz (bis 20. September), Leipzig (bis 5. Oktober), Halle (6.–15. Oktober); seine Adresse lautete: „Circus Sarrasani. Billy Jenkins Adlerschau." Nach Rückkehr von der Fahrt hatte er Probleme wegen Steuerrückständen und Pfändungsandrohungen, Auflagen von der Baupolizei und Zahlungsrückstände durch seine Hausmieter: „Jedenfalls ist das Erbe nur Sorgen." An anderer Stelle heißt es [Brief vom 18. November 1936 an Max Lorenz]: „Nicht mein Adler als Siegesvogel steigt mir

Hochzeitsfoto im Café Süssmilch, Bildmitte: Brautleute Gretel Buggisch und Werner Wilhelm Knuth, dahinter rechts Elfriede Rosenthal, links im Vordergrund Billy Jenkins als Gastwirt, 1935

auf den Koppe, nee diesmal scheints der Pleitegeier zu sein, der mich frisst. Amen, dein treuer Vater Halleluja."

Ab Mitte der dreißiger Jahre hatte er eine „mollige, blonde Freundin": Frieda Schönmann, Geburtsname Bongoll, wurde seine Lebensgefährtin, Partnerin in der Manege und Haushaltshilfe in Konradshöhe; er nannte seine Freundin „Friedel". Die in Halle an der Saale geborene Frau war eine ideale Bühnenpartnerin für ihn, denn ihr weiblicher Charme, ihr blond gelocktes Haar, das ein meist lächelndes Gesicht umspielte, waren ein Blickfang für das Publikum. Eine Fotografie seiner Lebenspartnerin, aufgenommen Mitte der dreißiger Jahre während eines Bühnenauftrittes im Varieté Liebich in Breslau, zeigt ein graziöses Cowgirl neben Jenkins im weißen Gala-Anzug. Die beiden heirateten nicht und hinterließen keine Kinder. Aus psychologischer Sicht könnte Frieda Schönmann als Nachfolgerin von Jenkins Mutter betrachtet werden; Außenstehende hielten die beiden meist für ein Ehepaar. Frau Schönmanns jüdischer Ehemann war in den dreißiger Jahren in ein Konzentrationslager transportiert worden, aus dem er später freikam. Er starb in den Vereinigten Staaten.

Es hieß, Billy Jenkins liebe die Tiere mehr als die Frauen. Besucher konnten sich auf der Berliner Farm von der ausgeprägten Tierliebe überzeugen: In großen und kleinen Käfigen und Volieren lebten Tauben, Eulen, Bussarde, Falken, See- und Kaiseradler. Der Künstler hatte in Konradshöhe Zeit und Ruhe, um eine seiner Lieblingsideen zu verwirklichen: Er bereicherte seine Fertigkeiten im Umgang mit Waffen, Lasso und Pferd durch die Greifvogel-Dressur. Das Abfragen der Falken geschah stets unter Berücksichtigung des freien Willens der Tiere, die für jeden Erfolg belohnt wurden. Die Vögel erhielten das so genannte Falkenrecht, einen Leckerbissen, der aus einem kleinen Fleischstück bestand. Jenkins bildete junge Falken aus, indem er sie an einer Langfessel hielt. Er schirrte die Vögel auf einem Fallenreck auf, indem er einen Ge-

Jenkins und Frieda Schönmann im Varieté Liebich in Breslau, dreißiger Jahre

schüheriemen anlegte. Der Dresseur besaß sowohl Beizjäger, die fliegende Vögel im Sturzflug jagen, wie Wander- und Baumfalken, als auch Rütteljäger, die im so genannten Standrütteln in der Luft verharren und die Beute am Boden erspähen, wie der Turmfalke. Zu der Falkensammlung zählten ferner große Jagdfalken, wie der Ger- und Würgfalke sowie der kleine, in Nordeuropa vorkommende Merlin. Jenkins trainierte nicht nur Falken, sondern auch kleinere Vögel wie den Kolkraben Rastelli, der fähig war, Wurfringe zu fangen und auf einer Leiter zu spazieren. Einer der Lieblingsscherze von Jenkins war der Hinweis auf einen Vogel, begleitet von der Frage: „Wat denkste, wat der von mir denkt? Der denkt, 'nen Vogel hat der. Det denkt der!"

Auch die Sperber, Bussarde, Eulen und Habichte erlernten Kunststücke und erhielten witzige Namen. Der Stolz und die Hauptattraktion des Artisten waren jedoch seine See- und Steinadler. Zur Versorgung der Tiere legte Jenkins eine Kaninchen- und Taubenzucht an, aber um den Bedürfnissen der Seeadler gerecht zu werden, wurde täglich frischer Fisch angeliefert. Zuweilen suchte Jenkins die Jagdgründe des Tegeler Forstes auf, wo er Kaninchen erlegte oder entflohenem Federvieh nachstellte. Der Pflegeaufwand für die Vögel war erheblich und machte die ständige Präsenz einer Aufsichtsperson erforderlich. Wenn Jenkins auf Tournee war, versorgte oft ein speziell ausgebildeter Pfleger die sensiblen Tiere.

Jenkins, der etwa 1,70 Meter groß und zeitlebens schlank war, blaugraue Augen hatte und meist einen Cowboyhut trug, wohnte im oberen Stockwerk des Hauses. Dort befand sich die Sammlung amerikanischer und asiatischer Trophäen. Wildwest- und Indianerexponate, Abenteuerbücher, Fotografien und Plakate von eigenen Varieté- und Zirkusauftritten prägten die Wohnlandschaft. Er besaß unter anderem die Sitzgruppe eines texanischen Farmers von 1860 mit Hörnern von Longhorn-Rindern – von ihm als „Büffelmöbel" bezeichnet –, einen Seidengobelin mit einer Büffeljagdszene, den Sägezahn eines Haifisches aus dem chinesischen Meer, das Sandstein-Relief eines Indianerkopfes und viele andere exotische Andenken.

In der unteren Etage waren seit der zweiten Hälfte der dreißiger Jahre Frieda Schönmanns Wohnung und die Küche. Die resolute Frau sorgte in der „Villa Elfriede" für gutes Essen und Sauberkeit. Sie war der ruhende Pol im Leben des Artisten, dessen Denken und Trachten meist durch die Wiederbelebung von Erinnerungen, Heilung körperlicher Blessuren oder Visionen von künftigen Auftritten geprägt war. Ein häuslicher Mensch war Jenkins nie. Er schwelgte in Erinnerungen, führte Tricks und Dressuren vor und stand stets im Mittelpunkt der staunenden Gäste. Für die Nachbarn war die Farm ein kurioses, manchmal auch störendes Phänomen. Links vom Haus befand sich die Gärtnerei Gauweiler, rechts die Schuhmacherei Musielski, hinter dem Garten wohnte die Familie des Studienrates Zech, die eine kleine Imkerei betrieb. Neben Zechs Grundstück befand sich die Laube von Familie Strache, deren Tochter berichtet, dass ihre Eltern am 10. November 1934 im Café Süßmilch heirateten, als Billy dort Gastwirt war. Jenkins häufige, lautstarke Übungen mit Schusswaffen und das lärmende Grammophon mit Marschmusik, das oft in Betrieb war, um die Tiere an den Lärm in der Manege zu gewöhnen, traf auf wenig Gegenliebe. Der inzwischen verstorbene Schuhmacher Musielski sagte in den sechziger Jahren zum Verfasser: „Nebenan hat früher ein Cowboy gewohnt, der hat einen Heidenlärm gemacht!"

Zeitweilig war ein Maki-Affe Mitbewohner der Farm, mit dem die Kinder gerne spielten. Horst Daube (Jahrgang 1922) fuhr oft mit dem Äffchen auf dem Rücken durch den Ort. Er begleitete Billy auch auf seinen Streifzügen durch den Tegeler Forst, um Futter für seine Adler zu erlegen. Angeblich hatte Jenkins eine amtliche Genehmigung, Kleintiere wie Eichhörnchen mit seiner „Winchester" zu jagen. Die Jenkins-Farm war eine allgemein bekannte Liegenschaft, sodass die vorüberfahrende Straßenbahn mit zwei Anhängern häufig aus freien Stücken vor dem Hause hielt oder die Fahrt verzögerte, weil die Fahrgäste neugierig nach dem Anwesen sahen. Jenkins war zu dieser Zeit nicht nur als Artist, sondern auch als Titelheld der Romanreihe beim Publikum bekannt – er galt als Vorzeige-Cowboy und Original, um das sich bereits damals viele Legenden rankten. Die Zeitzeugen Artur (Jahrgang 1927) und Horst Daube – zwei Brüder – erinnern sich, wie sie als Kinder über eine große Wiese zu dem Grundstück mit Zirkuswagen liefen. Billy winkte oft vom Balkon des Hauses, zu ihm zu kommen. Im ersten Stock stand ein Wäschekorb, aus dem sich die Kinder kostenlos Jenkins-Hefte und Bücher aussuchen durften. Die Zeitzeugen erinnern sich, dass mehrfach ein „Onkel Pelle", eine typische Berliner Clownsgestalt, auftrat, um die Jugendlichen zu amüsieren und dass bisweilen vermeintlich „echte" Indianer auf dem Gelände campierten. Ein freundschaftliches Verhältnis entwickelte Billy zu dem Feuerwehrmann Hermann Muschner, mit dem er bis zum Tod einen Briefwechsel unterhielt.

Im Garten stand ein ausrangierter Zirkus-Wohnwagen, in dem Jenkins sich tagsüber aufhielt. Daneben stand das Fallenreck zum Aufschirren der Vögel. Der Künstler ging spät zu Bett und schlief bis in die Vormittagsstunden hinein. Ein Artist muss in Übung bleiben, deshalb trainierte er täglich in den Nachmittagsstunden im Garten. Nach Schulschluss hörten die Nachbarkinder das Knallen mit der Bullenpeitsche als Signal, dass Jenkins üben wolle. Die Kinder standen neugierig am Gartenzaun aus Maschendraht, wenn er seine Fertigkeiten zur Schau stellte. Zuweilen holte er eine Indianerhaube aus seiner Sammlung hervor und zeigte seine Fähigkeiten im Umgang mit Pfeil und Bogen. Auch im Werfen von südamerikanischen Bolas demonstrierte er seine Kunst. Den Umgang mit den mehrteilig zusammengeknüpften Schleuderriemen, an deren Enden schwere Kugeln befestigt sind, hatte er von südamerikanischen Vaqueros erlernt. Angeblich übte er mit einem Bekannten vom Militär den Angriff eines Wanderfalken auf Fesselballons. Da der angreifende Vogel jedoch nach der Attacke starb, wurden die Versuche eingestellt.

Ein Höhepunkt war der Aufmarsch mit dem großen Steinadler auf der Faust. Beobachter berichten, dass „Goliath" eine Flügelspannweite von 2,20 Meter besaß und sogar im Freiflug jedem Kommando und Pfiff gehorchte. Zuweilen trug Jenkins eine Lederkappe und balancierte den riesigen Adler, der die Flügel ausgebreitet hielt, auf dem Kopf. Der Artist hatte ein gutes Verhältnis zu Kindern und war sich nicht zu schade, in der Grundschule der Gemeinde und in einer Gaststätte am Havelufer Sondervorstellungen zu geben. Begleitmusik war die brandenburgische Hymne „Steige hoch, du roter Adler".

Am beeindruckendsten war nach einhelliger Meinung der Zeitzeugen, wenn der sonderbare Mann, der oft Wildwest-Kleidung trug, zu einem Lagerfeuer-Abend einlud. Zu diesem Zweck stellte er Indianertipis aus Leinwand im Garten auf. Eine ausgediente Zirkus-Kutsche und martialisch bemalte Totempfähle ergänzten das exotische Ambiente. Fotografien zeigen junge Männer aus Konradshöhe, die, gekleidet im Wildwest-Outfit mit riesigem Stetson, Weste und Chaps – einem ledernen Beinschutz – neben Sätteln sitzen und Lassos in der Hand halten. Rustikale Holzschuppen und Wildwuchs sorgten für ein romantisches Milieu. Man saß auf

Baumstämmen, die unter nächtlichem Sternhimmel um ein prasselndes Lagerfeuer gruppiert waren, und lauschte gespannt den Erzählungen des exotischen Mannes. Jenkins beherrschte keine Fremdsprache, aber er versuchte den Eindruck zu erwecken, mehrsprachig zu sein, um als erfahrener Weltläufer zu gelten. Im Radio-Interview von Juni 1951 spricht er englische Worte falsch aus, fremdsprachliche Schriftproben deuten ebenfalls grammatikalische und lexikalische Unzulänglichkeiten an. Seine Kenntnis der deutschen Schriftsprache war, wie aus seinem Briefwechsel hervorgeht, ebenso mangelhaft.

Eine humorvolle Episode schildert der Konradshöher Rudi Hüttner (Jahrgang 1918), dessen Eltern in der Siedlung einen Kolonialwarenladen besaßen. Er berichtet, dass Billy auf ihn einen „ruhigen und gesetzten Eindruck" machte. Ende der zwanziger Jahre brachte Jenkins in den Wintermonaten sein Pferd im Stall von Hüttners Vater in der nahe gelegenen Rauhfußgasse 9 unter. Häufig führte der Artist die Kinder des Ortes, die seine größten Fans waren, auf dem Pferd die Habichtstraße entlang. Dabei äußerte er gern im jovial-humoristischen Ton folgenden Kalauer: „Kinder, Englisch lernen ist ganz einfach. Wisst Ihr eigentlich, was das Wort Baum auf Englisch heißt?" „Nein, Onkel Billy, das wissen wir nicht!", antwortete im Chor die Kinderschar. Jenkins meinte: „Na, dann werde ich euch mal etwas Bildung beibringen. Baum heißt auf Englisch nämlich Tam." Die Kinder waren über die umfassenden Kenntnisse des Weltläufers erstaunt. Dann fragte Billy: „Wisst ihr, wie zwei Bäume auf Englisch heißen?" „Nein, Onkel Billy, das wissen wir nicht!" „Dann will ich euch das auch noch beibringen", sagte ihr Lehrer: „Zwei Bäume heißen dann selbstverständlich Tamtam!" Die Kinder waren verblüfft. Jenkins fragte weiter, um die Intelligenz des Nachwuchses auf die Probe zu stellen: „Wisst ihr denn, was das Wort Wald auf Englisch bedeutet?" „Nein, Onkel Billy, das wissen wir nicht!" Darauf Jenkins: „Wald heißt auf Englisch Tamtaram-tam-tam; das ist doch klar."

Der Zeitzeuge Heinz Schultze (Jahrgang 1923) erinnert sich an einen Besuch auf der Jenkins-Farm im Jahre 1936. Schultze wohnte damals in der Greifswalder Straße 10/Berlin-Prenzlauer Berg. Ein Freund seines Vaters war Möbelhändler, der Jenkins persönlich kannte. Heinz Schultze war begeisterter Leser der Jenkins-Hefte, die jeden Mittwoch für 25 Pfennige das Stück herauskamen. Vater und Sohn Schultze „verschlangen" diese Literatur, wobei dem

Jenkins mit Seeadler, zwanziger Jahre

Jungen klar war, dass Billy diese Abenteuer weder erlebt noch selbst geschrieben hatte. Umso erfreulicher war das Treffen seines Vaters, des Möbelhändlers und ihm mit dem Artisten auf dessen Farm. Er erhielt von Jenkins ein Buch mit der Widmung: „Meinem jungen Freund Heinz Schultze", welches verloren ging. Jenkins trat nicht im Cowboy-Outfit, sondern als Privatperson auf. In seinem Zimmer hingen exotische Bilder an der Wand, auf dem Fenster saß eine Eule, auf dem Ofen ein Turmfalke. In Erinnerung blieb vor allem, dass die Vögel auf Kommandos hörten und sich auf Befehl dem Falkner auf den Arm setzten. Während des etwa einstündigen Aufenthalts stellte Jenkins auch seine großen Greifvögel in den Volieren vor.

Die Billy-Jenkins-Farm ist kulturgeschichtlich von Bedeutung, da sie der Gründungsort des ersten Berliner Western-Vereins ist. In den späten dreißiger Jahren trafen sich Cowboy- und Indianerfreunde aus der Hauptstadt bei Billy, es entwickelte sich in Konradshöhe das Berliner Zentrum der Western-Romantiker. Eine Fotografie aus jener Zeit, aufgenommen im Garten der Farm, zeigt Indianertipis mit phantastischer Bemalung sowie eine große Zelthüt-

Jenkins mit Ewald Bünger im Garten der Konradshöher Farm, Gründungsort des ersten Berliner Western-Vereins, ca. 1938

te, vor der mit martialischen Fratzen bemalte Totempfähle stehen. Im Vordergrund sitzen „Cowboys" und „Cowgirls" mit riesigen Hüten und Sombreros sowie zwei verschmitzt lächelnde „Indianer" mit Federhaube. Das Foto trägt als Aufdruck Billys Hausstempel. Jenkins posiert vor der Hütte, daneben sitzt Ewald Bünger alias Al Jennings, der ab 1950 der erste Vorsitzende des Vereins „Old Texas e. V. Berlin 1950" wurde. Auch Jack Joyce (gestorben 1951), ehemaliger Cowboy bei Buffallo Bill's Wild West-Show und Trick-Roper (Lassotrick-Spezialist) war häufig Gast in Konradshöhe. Möglicherweise hat Jenkins seine Fertigkeiten im Umgang mit dem Lasso von Joyce erlernt, der einen Großteil seiner Lebenszeit in Berlin verbrachte.

Jenkins ließ keine Gelegenheit ungenutzt, sich als „echten" Amerikaner auszugeben: Es wird berichtet, dass er zu Beginn eines Auftrittes bei Sarrasani in der Manege kurz englisch sprach, um schließlich mit markigem Berliner Idiom zu sagen: „Mit euch spreche ich doch lieber deutsch!" Auch der als Autor des Romans „Das Boot" bekannt gewordene Lothar-Günther Buchheim, der seine Karriere als Fotoreporter begann, bekennt, dass er Billy für einen „amerikanischen Adlerdresseur" hielt. Er fotografierte Jenkins, als der Artist 1933 bei Sarrasani in Chemnitz auftrat: Jenkins paradiert im weiß glänzenden Anzug auf einem prächtig aufgeschirrten Pferd und führt in der Manege eine tollkühne Greifvogeldressur vor. Der Text zur Fotoserie weist Jenkins Auftritt als „Adlerdressur aus den USA" aus. Auch Heinz Müller aus Quedlinburg sprach 1938 im Zirkus Sarrasani Jenkins auf Englisch an, worauf Billy auf Deutsch antwortete. Jenkins gaukelte dem Publikum überzeugend einen idealtypischen „Amerikaner" vor. Das Hamburger Varieté Ballhaus Trichter kündigt April 1935 „Mister Billy Jenkins" an, der „gegenwärtig in Deutschland" sei:

„Billy Jenkins zeigt Lasso- und Bullpeitschenkünste und verblüfft das Publikum mit seiner unnachahmlichen Fertigkeit als Kunstschütze. Was noch niemandem gelang, Adler zu dressieren, brachte Billy Jenkins fertig. Sein Adler ‚Goliath' reißt die Zuschauer zu Beifallsstürmen hin. Versäumen Sie nicht, den König der Cowboys zu sehen!"

In diesem wie in vielen anderen Werbetexten wird der Wildwest-Mythos nicht zuletzt aus kommerziellen Gründen hochgehalten. Billy beherrschte die faszinierende Fähigkeit, sich und die Zuhörer in eine mythische Welt zu versetzen. In fesselnder Diktion berichtete er von Abenteuern in den Rocky Mountains, von Jagden über Prärien, Wüstendurchquerungen und Freundschaften mit Indianern. Erwachsene und kindliche Zuhörer waren hingerissen von der faszinierenden Person, bei der Erzähltes und Erscheinung derart stimmig harmonierten.

Jenkins besuchte gern eine nahe gelegene Gastwirtschaft. Das Lokal „Zum Habicht" lag an der Habichtstraße 16, heute befindet sich dort ein Einkaufsmarkt. Der Wirtssohn erinnert sich an den beliebten Gast, der im Berliner Jargon Abenteuergeschichten und Anekdoten zum Besten gab. Jenkins zog andere Gäste magisch an, die ihm gern zuhörten. Nicht ohne Grund nannte er seinen Wohnort „Konjakshöhe" [Schreibweise von Jenkins; d. Verf.], denn er sprach dem braunen Branntwein ebenso wie dem Tabak zu. Der weit gereiste und berühmte Mann trat selbstbewusst, ja teilweise eigensinnig auf. Jenkins war gegenüber Gesprächspartnern oft arrogant und schnoddrig. Als Schießkünstler musste er Disziplin wahren und nüchtern bleiben. In Konradshöhe sah Billy hingegen oft tief in das Schnapsglas hinein, qualmte Zigaretten und durchzechte manche Nacht. Angeblich wurde er nach Trinkgelagen mehrfach in

„Billy denkt nach."
Zeichnung von Manfred Schneider

einer Schubkarre nach Hause gefahren. Jenkins erschien in Zivilkleidung in der Gastwirtschaft, aber in Wahrheit legte er seine
Identität als Cowboy-Artist nie ab. Diese Rolle war für ihn zum Teil
seines Wesens geworden, und er ließ niemanden in sein Inneres
blicken. Er definierte seine Existenz durch den Wildwest-Habitus
und das Erzählen von Abenteuergeschichten. Die phantastischen
Berichte trug er am liebsten in Form spannender Monologe vor, die
er mit ironischen Bemerkungen anreicherte. Eine witzige
Lieblingsbehauptung war, er könne sogar Kleiderständer dressieren. Er kam gern auf angeblich selbst erlebte Jagdgeschichten zu
sprechen, die er ungemein spannend zu erzählen wusste. Zeitzeugen berichten, dass der Artist an Flugangst litt.

3. Die Wildwest-Show

1925/26 reiste der Artist nachweisbar mit dem Zirkus Geschwister Birkeneder, wo er unter anderem gemeinsam mit dem Indianer Grey Elk auftrat. Die Werbung versprach:

„Billy Jenkins & Co.
Die große Original unkopierbare Wild-West-Attraktion.
Szenen aus dem Prärieleben der Fährtensucher und Pelzjäger.
Lasso- und Bullpeitschen Experts.
Non plus ultra: Dastehende Leistungen in Kunst- und Schnellfeuerscharfschießen
37 Präriemustangs. 18 Bisam-Büffel. 102 Indianer-Herden [Originalzitat; d. Verf.], Krieger, Weiber, Kinder, Münchener Vorstadt-Indios vom Stamme der Sirops-Häuptlinge.
Die exotische Reklameschau des Zirkus Geschw.[ister; d. Verf.] Birkeneder z. Z. München, Oktober-Festwiese."

Dazu heißt es in einem Presseartikel:

„Billy Jenkins, Kunstschütze und Cowboyakt, hat jetzt in seiner Nummer ein Cowboy-Girl-Ballett und einen Originalindianer [Grey-Elk; d. Verf.], der als Feuerfakir arbeitet. Sechs Mexikaner und zwei weitere Indianer bringen mit ihren echten Kostümen und ihrer vielseitigen Arbeit ein naturgetreues Bild aus dem wilden Westen auf die Bühne. Die Nummer ist für diese Saison [1925; d. Verf.] im Zirkus Birkeneder verpflichtet, wo sie eine zugkräftige Attraktion bildet."

Jenkins Agenten dieser Zeit waren Paul Schultze und Paul Spadoni in Berlin. Offerten für Engagements wurden erbeten an die permanente Adresse: „Billy Jenkins Farm, Berlin-Tegel, Conradshöhe."

Weitere Jenkins-Engagements seit Mitte der zwanziger Jahre sind in der Fachzeitschrift „Das Programm" belegt. Es handelt sich ausschließlich um Engagements in Deutschland und Polen:

Leipzig, Varieté Drei Linden, 23. Januar 1927
Berlin. Zirkus Schneider, 2. Oktober 1927
Duisburg. Zirkus Schneider, 22. Januar 1928

Hagen in Westfalen. Zirkus Schneider, 12. Februar 1928
Stuttgart, Stadthalle. Zirkus Schneider, 26. Februar, 11. März 1928
Poznan/Polen, Lunapark, 8. Juli 1928
Warschau/Polen, Lunapark, 22. Juli 1928
Warschau/Polen, Zoologischer Garten, 5. August, 9. September
1928
Krakau und Katowice/Polen, Lunapark, 23. September, 7., 14., 21.
Oktober; 11. und 25. November 1928

Folgende Auftritte im Café Süßmilch in Berlin-Reinickendorf sind
nachgewiesen:

Tegel/Berlin, Conradshöhe, Billy Jenkins-Farm, 25. September 1927;
8. und 22. April, 27. Mai, 10. Juni 1928.

Die Metropole der Varietés war Berlin. Dort hatte sich in der
Mitte des 19. Jahrhunderts aus so genannten Specialitäten-Thea-
tern, Vergnügungsetablissements und „Tingeltangel"-Schaupro-
grammen, meist in Hinterzimmern von Ausflugslokalen, Destillen
und Polkakneipen aufgeführt, eine Subkultur mit halb musikali-
,schen, halb zirkushaften Darbietungen entwickelt. Die Mischung
aus Musik, Tanz, Gesang, Volkstheater und Artistik wurde zur Blütezeit um 1900 verfeinert und zu Aufsehen erregenden Attraktionen mit exotisch-erotischem Flair ausgebaut. Um die Jahrhundertwende hatte Berlin bereits 80 Varietés und zählte neben Paris zum
Zentrum dieses Genres. 1880 wurde der Wintergarten im Central-
Hotel am Bahnhof Friedrichstraße eröffnet. Mit seiner 2500 Quadratmeter großen Kuppelhalle, die mit fortschrittlicher Technik ausgestattet war, wurde das Etablissement zur Attraktion der Hauptstadt. Der Wintergarten war Aufführungsort von Varietédarbietun-
gen, literarischem Kabarett, Zirkus- und Revuetheater. Das schwer
beschädigte Haus wurde nach Ende des Zweiten Weltkrieges abgerissen.
    Jenkins trat erst Mitte der dreißiger Jahre im Wintergarten auf.
Hingegen gastierte er bereits in den zwanziger Jahren in der Berliner Scala. Das September 1920 gegründete Groß-Varieté war aus
dem 1908 eröffneten Eispalast hervorgegangen. Die Scala, in Berlin-Schöneberg an der Lutherstraße gelegen, zog mit 3014 Sitzplätzen, die meist ausverkauft waren, Touristen und bürgerliches Publi-

kum an. Jenkins trat Januar 1929 in der Scala auf. Im Programmheft wird er folgendermaßen angekündigt:

„Billy Jenkins mit seinen Cowboy und Indianer [Originalschreibweise; d. Verf.] american Wild Western Sport Show. Buchung: Agentur P. Schultze, Berlin-Friedrichstraße."

Neben Jenkins trat bei diesem Engagement das „großrussische Nationalorchester", die chinesischen Akrobaten der „Gue Tsang Troup", das „plastische Ballett der Claudia Issatschenko", die „Alfred Jackson Girls", „Pepino mit seinem Miniatur-Circus" sowie die „exzentrischen Rollschuhläufer" namens „Die 2 Planks" auf, die denselben Agenten wie Jenkins hatten.

Die dritte große Berliner Varieté-Bühne war die Plaza, die am Küstriner Platz im Bezirk Friedrichshain in die riesige Halle des ehemaligen Ostbahnhofs einzog. Heute befindet sich dort der Franz-Mehring-Platz. Die Eröffnung erfolgte am 1. Februar 1929. In Spitzenzeiten brachte es die in einer Arbeitergegend gelegene Schaubühne auf täglich zwei Aufführungen, am Wochenende erfolgten drei Vorstellungen.

Jenkins gastierte häufig in Sachsen, wo einer seiner Arbeitgeber, der Zirkus Sarrasani, den Hauptsitz hatte. Der Artist besuchte mit seinem indianischen Freund Os-Ko-Mon – einem tschechischen Halbindianer, der ihn 1930 auf der Skandinavien-Tour des Zirkus Belli begleitet hatte und der 1938 bei der Eröffnung der Karl-May-Spiele in Rathen mitwirkte – die Villa „Shatterhand" in Radebeul. In der nordwestlich von Dresden gelegenen Stadt erwarb Karl May in der Kirchstraße 5 eine Villa als Eigentum, in die er am 14. Januar 1896 einzog. Klara May (1864–1944) leitete ein Jahr nach dem Tod des Gatten die Gründung der von ihm testamentarisch festgelegten Schenkung unter dem Namen Karl-May-Stiftung ein. Die Witwe blieb dort wohnen und errichtete Mitte der zwanziger Jahre auf dem hinteren Teil der Liegenschaft ein stattliches Blockhaus, das nach den humoristischen Schilderungen von Mays Phantasie-Figur Hobble Frank „Villa Bärenfett" genannt wurde.

Am 1. Dezember 1928 wurde das Blockhaus der Öffentlichkeit zugänglich gemacht. Es stellt ethnographische Objekte nordamerikanischer Indianerkulturen aus, die teilweise aus dem Besitz von Karl May stammen. Andere Teile der Sammlung waren von Klara

Jenkins in der Sächsischen Schweiz, dreißiger Jahre

May angekauft und für die museale Präsentation bereitgestellt worden. Sie hatte die Gegenstände unter anderem von dem internationalen Artisten Ernst Tobis (1876–1959) erworben. Tobis, einer breiten Öffentlichkeit unter dem Artistennamen Patty Frank bekannt, wurde von Klara May zum Leiter des völkerkundlichen Museums der „Villa Bärenfett" bestellt. Der ehemalige Parterre-Akrobat, der als Untermann fungierte und inzwischen über fünfzig Jahre alt war, fand in der Leitung des Blockhauses seine Bestimmung. Er unterhielt die Besucher bis zu seinem Tode mit zahlreichen Anekdoten und schrieb Veröffentlichungen, die sein enges Verhältnis zu Karl May dokumentieren. Im Jahre 1926 schlossen Frank und Klara einen Vertrag, der die künftige Position des Artisten in der „Villa Bärenfett" regelte, seit November desselben Jahres bewohnte er das Haus.

Billy Jenkins und Os-Ko-Mon besuchten Patty Frank oft in der „Villa Bärenfett", um für den Zirkusauftritt indianische Gegenstände auszuleihen. Franks Biograph, der Berliner Wolfgang Seifert, erfuhr von Patty, dass er Jenkins „seit über vierzig Jahre kenne." Das Treffen zwischen Seifert und Frank fand Mitte der fünfziger Jahre statt. Die erste Begegnung Franks mit Jenkins könnte also um 1910 in den Vereinigten Staaten stattgefunden haben, vermutlich beim Zirkusunternehmen Ringling, für das Patty arbeitete. Nachweisbar ist diese Zusammenkunft allerdings nicht. Patty hatte die Radebeuler Besuche des Zirkus-Cowboys, der meist mit vielen Freunden auftrat, die ihn wie ein Hofstaat umgaben, in halb humorvoller, halb distanzierter Erinnerung. Die Freunde durchzechten einige Nächte bei Zigarrenqualm, Alkohol und dem Erzählen von Abenteuergeschichten in der Goldgräberbar „Zum Grinsenden Präriehund", die im Erdgeschoss der „Villa Bärenfett" eingerichtet war. Von der selbstherrlichen Attitüde des „King Of Cowboys" war Patty Frank oft befremdet. Die Freunde schrieben sich „ellenlange Briefe". Ein Augenzeuge berichtet, dass Jenkins, der oft in großer Schrift mit Kopierstift schrieb, die Briefe mit phantasievollen Zeichnungen garnierte und die Seiten durch geklebte Anhänge verlängerte. Ausgeprägte Schreibkultur war ein sympathisches Kennzeichen jener Zeit. Umfangreiche Briefkonvolute, die über ganz Deutschland verteilt sind, geben Zeugnis von Jenkins umfassender Schreibtätigkeit, die er über Jahrzehnte hinweg mit seinen Freunden betrieb. Auch Frau Schönmann hielt noch lange Zeit briefliche Kontakte nach Berlin aufrecht.

Harry Morche und Jenkins in Sachsen, dreißiger Jahre

In Dresden lernte Jenkins den Handswerksmeister Harry Morche (1900–1956) kennen, der, körperlich durch einen Buckel gezeichnet, sein langjähriger Assistent wurde. Morche war Mitglied des „Old Manitou"-Indianerclubs Dresden, aus dessen Reservoir von Bleichgesichtern der schlitzohrige Sarrasani gerne die „Rothäute" rekrutierte. Harry Morche beherrschte die textile Ziertechnik der Perlenstickerei. Er fertigte Billys Weste im „Lazy Squaw Stitch" des Sioux-, Cheyenne- oder Arapaho-Stils an. Morche konnte auch flache Perlenarbeiten nach Art der Blackfoot, Crow und Flathead herstellen.

Auf einigen Fotografien – zum Beispiel auf der Rückseite des Nachkriegs-Jenkins-Heftes Nr. 79 – posiert Billy im weißen Gala-Anzug neben einem martialisch dreinblickenden Indianer namens „Harry Lone Bear", der als Assistent Harry Morche zu erkennen ist: Hinter manch blutrünstiger Indianerphysiognomie steckte ein Bleichgesicht aus Radebeul. Privatfotografien zeigen Jenkins und Morche in der Sächsischen Schweiz und an einem Radebeuler Stammtisch, umgeben von als Indianer kostümierten Mitgliedern des „Manitou"-Indianervereins. Einer von ihnen mit prächtiger Federhaube war Clubmitglied Paul Kunze.

Jenkins „Great Western Cowboy Sport Show" bestand aus einer als Indianer und Cowboys kostümierten Gruppe, die einen Postkutschenüberfall simulierte. Die „gefährliche" Begegnung gab dem Helden Gelegenheit, seine Schieß-, Lasso- und Reitkünste zu demonstrieren. Ein kleines Holzgebäude namens „New Ohio Pig Ranch" und eine Miniatur-Stage-Coach bildeten die Kulisse für das schießwütige Spektakel, welches das Publikum begeisterte. Ein Kollege von Jenkins war der Kunstschütze Ramon Prieto mit seinem „unreitbaren Esel". Hans-Stosch jun. bildete diesen Künstler als Kaskadeur aus.

Auf Fotografien, welche die Jenkins-Show in den dreißiger Jahren vermutlich an einem norddeutschen Deich zeigen, ist ein großer Schutzvorhang zu sehen, hinter dem die Requisiten und Tricks für den Auftritt vorbereitet sind. Vor dem großen Paravant stehen kleine Tipis und eine wehende US-Flagge. Jenkins steht hutschwenkend inmitten einer Gruppe berittener „Indianer", die bei näherem Hinsehen aus schwarzhäutigen und bleichgesichtigen Personen bestehen. Die daneben sitzenden „Cowboys" tragen riesige Sombreros und haben Trommeln in den Händen. Vermutlich heuerte Jenkins für die Sommersaison „Hilfswestmänner und

Jenkins, Morche und Mitglieder des Radebeuler Indianervereins, dreißiger Jahre

Indianer" an, um seine Show möglichst beeindruckend zu gestalten.

Jenkins gastierte zu Beginn der dreißiger Jahre bei den Zirkussen Belli, Sarrasani, Hagenbeck sowie in zahlreichen Varieté-Häusern, unter anderem im Leipziger „Krystall-Palast", im Hamburger „Hansa-Theater", im Bremer „Astoria" und im Frankfurter „Schumann-Theater". 1930 war Jenkins mit dem Zirkus Belli auf Skandinavien- und Holland-Tour. Zeitzeugen berichten, dass der Artist im Kopenhagener Schumann-Bau und im Tivoli auftrat. In diesem Zusammenhang ist interessant, dass ein Sohn des Zirkusgründers Gotthold Schumann, dessen Familie sich in Kopenhagen niederließ, die Schwester des früheren russischen Clowns und ungarischen Zirkusbesitzers Matwai Beketow zur Frau nahm. Mit dem Zirkus Beketow tourte Jenkins in den zwanziger Jahren durch die Mittelmeerländer. Dies ist ein Hinweis auf die enge familiäre Verflechtung der Zirkusdynastien; durch diese Beziehungen konnten für die Artisten oft neue Engagements vermittelt werden. 1939 gastierte übrigens Tom Mix mit dem Zirkus Belli in Skandinavien.

In der Zeit der glanzvollen Groß-Varietés und erfolgreichen Zirkus-Unternehmen, bei denen Jenkins auftrat, erreichte er den Zenit seiner Popularität. Sein Bild prangte von Plakaten, Zeitungen berichteten, und hätte es bereits das Medium Fernsehen gegeben, wäre er gewiss zu einem Superstar avanciert. Die dreißiger Jahre zählten zu seinen erfolgreichsten. Jenkins reicherte seine bekannte Identität als Glamour-Cowboy durch die Tierschau an und zog auf diese Weise das Publikum in seinen Bann.

Der Artist steigerte sich in seine Rolle derart hinein, dass die Selbstinszenierung maßgeblicher Bestandteil seiner Persönlichkeit wurde. Er versuchte auch privat, stets im Mittelpunkt zu stehen, ließ keine Gelegenheit aus, den eigenen Mythos in die Wirklichkeit zu übertragen. Jenkins spielte seiner Umgebung herbe Streiche, die mit einem gehörigen Schuss Selbstironie versehen waren: Er versteckte eine weiße Maus im Schminkkoffer einer arroganten Schönheitstänzerin, weckte mit Schüssen aus dem Colt seinen Chef Stosch-Sarrasani und behauptete mit ernstem Blick, er habe die unglaublichen Abenteuer des Romanhelden Jenkins persönlich erlebt. Der Artist genoss die Popularität und steigerte sie auf jede ihm mögliche Weise.

Sein Freund und Direktor Hans Stosch-Sarrasani wollte dem Haudegen und eingefleischten Junggesellen zur Beruhigung eine Partnerin vermitteln. Er inserierte ohne Jenkins Wissen in einer Berliner Tageszeitung, dass der Cowboy eine Lebensgefährtin suche. Daraufhin trafen wäschekörbevoll Heiratsanträge ein, die der Hagestolz schmunzelnd zur Kenntnis nahm, ohne jemals das Jawort zu geben. Jenkins gefiel sich zu sehr in der Rolle des tollkühnen Burschen, dem kein Abenteuer zu gefährlich ist. Er ritt hoch zu Ross im weißen, perlenbestickten Anzug in das Café „Unter den Linden" und inszenierte ein Revolverduell. Billy rief laut in den Saal, dass er sich mit einem Gast wegen einer schweren Beleidigung duellieren wolle. Restaurantbesucher und Cowboy standen sich Auge in Auge gegenüber, beide zogen blitzschnell den Revolver aus dem Holster, Schüsse krachten, und zur Bestürzung der Cafébesucher sank der Gegner von Jenkins blutüberströmt zu Boden. Solche Auftritte geschahen gewiss mit Wohlwollen seines Chefs, denn Stosch-Sarrasani inszenierte selbst, um den Bekanntheitsgrad des Zirkusunternehmens zu steigern, Raufereien von Indianern in eleganten Restaurants. Auch dem Pressechef des Hauses Sarrasani, Hans Schlenkrich – ebenfalls langjähriger Freund von

Jenkins – dürfte die eigenartige Werbung nicht ungelegen gewesen sein. Einige ältere Berliner erinnern sich noch an diese Geschichte vom „Cowboy im Café".

Jenkins nahm 1933 an einer Tournee des Zirkus Sarrasani teil, wobei der damalige Pressefotograf, spätere Buchautor und Kunstsammler Lothar-Günther Buchheim den Artisten in Chemnitz ablichtete. Am häufigsten wurde Jenkins für die Heftserie des Dietsch-Verlages fotografiert, und zwar von Axel Dieter Mayen. In den Jahren 1934 und 1935 zog sich der Artist häufig nach Konradshöhe zurück, um seiner Mutter in der Gastwirtschaft unter die Arme zu greifen oder die schwächer werdende Frau zu betreuen. 1936 bis 1938 war der Artist erneut mit dem Zirkus Sarrasani unterwegs. Aus dem Briefwechsel zwischen Billy und dem Konradshöher Artur Daube, der seit 1929 neben der Jenkins-Villa wohnte, gehen viele Einzelheiten dieser Zeit hervor. Artur Daubes Vater, der denselben Vornamen wie sein Sohn trug, fungierte als Bürovorsteher der Rechtsanwalts-Kanzlei Dr. Bergschmidt und Dr. Toussaint, die nahe dem Berliner Gendarmenmarkt, Taubenstraße 20, ansässig war. Dr. Toussaint, dessen Name vermutlich hugenottischen Ursprungs ist, arbeitete als Steuerberater und Rechtsanwalt von Jenkins, wie aus dem Schriftwechsel hervorgeht. Vermutlich nahm Billy diese Kanzlei in Anspruch, weil sein Konradshöher Nachbar Daube dort Mitarbeiter war.

Aus dem Briefwechsel Daube/Jenkins lassen sich viele Auftrittsorte des Künstlers ermitteln. Folgende Engagements im Jahre 1936 sind belegt: Stettin (bis 25. Mai), Neubrandenburg (bis 28. Mai), Neustrelitz (bis 1. Juni), Wittenberge (bis 4. Juni), Hannover (bis 15. Juni), Stendal (bis 18. Juni), Brandenburg (bis 22. Juni), Berlin-Spandau (bis 28. Juni), Berlin-Prenzlauer Berg (Exerzierplatz Schönhauser Allee, ab 30. Juni). Ein Höhepunkt waren die Olympischen Spiele in Berlin 1936. Damals soll er „hoch zu Ross" in der Parade der Olympioniken mitgeritten sein und zahllose Autogramme gegeben haben. Leider sind von diesem Auftritt keine Filmaufnahmen erhalten geblieben. In Jenkins-Heften jener Zeit wurde darauf hingewiesen, dass der Artist parallel zur Olympiade beim Zirkus Sarrasani in Berlin auftrat.

Jenkins Bekanntheitsgrad, der nicht zuletzt von den vielfach verkauften Heftromanen, die seinen Namen trugen, unterstützt wurde, hatte den Gipfelpunkt erreicht. Kinder nahmen den Glamour-Cowboy zum Idol, Erwachsene wollten den Helden sehen und eine persönliche Widmung auf einem seiner Hefte erhalten. Ein Preis seiner zahllosen Auftritte waren viele Narben infolge von Unfällen. Der inzwischen verstorbene Berliner Kinobesitzer Bruno Dunst erlebte, wie Jenkins sich eines Tages versehentlich ins Bein schoss, was für erheblichen Wirbel sorgte. Häufig zog sich der Artist zur Pflege der Blessuren für einige Wochen in das Konradshöher Domizil zurück.

Dezember 1936 trat er im Zwickauer Groß-Varieté Lindenhof, dem „größten und führenden Haus des Erzgebirges und Vogtlandes", Marienthaler Straße 53, auf. Jenkins wird als einziger Mitwirkender auf der Titelseite groß angekündigt. In dem Programmheft heißt es:

„Ab 1. Dezember 1936
2. Sensations-Sonder-Gastspiel
Wild West im Lindenhof mit Billy Jenkins
Der Held unserer Jugendromane
Conférencier: Hanns Polscher, Direktion und Bewirtschaftung: Fritz Berger, musikalische Leitung: Erwin Pollini, Bühnenmeister: Ernst Meyer, Beleuchtung: Fritz Helfer."

Die Programmschrift widmet Jenkins einen zweiseitigen Bericht, der ihn als „König der Cowboys" und „nach Buffallo Bill als bekanntesten Mann des wilden Westens" bezeichnet: „Jenkins Leistungen sind aber auch unerhört. Mit einer 12 Meter langen Bullpeitsche, deren Schlag, wenn er trifft, wie ein Beilhieb wirkt, schlägt Billy einem Mann die Pfeife aus dem Munde. Er glänzt als Scharfschütze allererstcn Ranges, wobei er nur deutsche ‚Ʀ'-Patronen der Rheinisch-Westfälischen Sprengstoff A. G., Nürnberg, benutzt. Das alles lässt sich so nicht schildern, das muss man erleben (...) Vor einigen Jahren begann er auf seinem zu einer richtigen Musterfarm ausgebauten Gute in Konradshöhe bei Berlin mit der Zähmung von Raubvögeln (...) Billy Jenkins hat auf seinen Fahrten durch die Welt allerlei spannende Abenteuer erlebt und niedergeschrieben. Von seinen Wildwest-Romanen erscheint jede Woche ein neuer Band in einer Riesenauflage. Diese Bände sind im ganzen Deutsche Reiche in allen Buchhandlungen, Kiosken usw. erhältlich."

Jenkins Artistenkollegen bei dem vom 1. bis 13. Dezember 1936 im Varieté Lindenhof stattfindenden Engagement waren unter an-

Jenkins mit Eule, Mitte dreißiger Jahre

derem am Vertikalseil die „2 Petrics", die Akrobaten „3 Rialmas",
der Komiker auf dem Hochrad „L. Fluher", die Parodistengruppe
„3 Baldors" sowie die „Ben Abdraham Wazzan-Truppe" als Parter-
re-Akrobaten. Billy Jenkins, die Auftrittsnummer 10 in der von Or-
chestermusik umrahmten Veranstaltung, wird folgendermaßen angekündigt: „Billy Jenkins amerikanischer Cowboy-Akt mit seinen
einzig dastehenden dressierten Raubvögeln."

Jenkins widerfuhr 1937 eine Ehre, von der er noch in den späten
Lebensjahren gerne berichtete: Sein Name fand Aufnahme in Meyers Konversationslexikon in der Rubrik „Dressur" (Band 3, S. 264).
Der Greifvogeldresseur wird dort als „bedeutender Tierlehrer" neben Carl und Wilhelm Hagenbeck genannt.

Ein Zeitzeuge berichtet, wie er als Knabe 1937 in Berlin einen
Auftritt von Billy Jenkins im Zirkus Sarrasani erlebte: Der Künstler erschien in der Manege, begleitet vom Málaga-Paso doble des
bayerischen Komponisten Josef Rixner (1902–1973), der zahlreiche Orchestersuiten und andere Unterhaltungsmusik komponier-
te. Auffallend waren Jenkins perlenglänzende blaue Augen, deren

Glanz durch Einspritzung von Atropin, das aus dem giftigen Nachtschattengewächs Tollkirsche gewonnen wird, verstärkt wurde. Die Verwendung von Atropa belladonna – ein alter Künstlertrick – bewirkt vorübergehende Pupillenerweiterung durch Lähmung eines Hirnnervs, lateinisch Nervus oculomotorius genannt. Billy stand im weißen Anzug, mit Colt und Peitsche bewaffnet, in der Manege und sprach das Publikum in englischer Sprache an, bis er sich des – vermeintlichen – Irrtums bewusst wurde und auf Deutsch parlierte. Dieser psychologische Trick sollte die Zuschauer auf eine falsche Fährte locken und die Suggestion nähren, er sei „Amerikaner". Es folgten Schieß- und Bullenpeitschenkünste: Er traf rückwärts eine Herz-As-Karte oder schlug mit der Peitsche eine Zigarette aus dem Mund der Bühnenpartnerin. Ein Höhepunkt war der Auftritt der Greifvögel, vor allem der Adler.

Der Zeitzeuge war sich von Anfang an darüber im Klaren, dass der Artist Jenkins mit dem Romanhelden nicht identisch war, was jedoch die Verehrung nicht minderte. Die Fiktion war ebenso faszinierend wie die leibhaftige Person, die von einem starken exotischen Flair umgeben war und psychologische Bedürfnisse insbesondere Jugendlicher ansprach. Jenkins Image entsprach dem Verlangen nach einem Helden, der als Leit- und Vaterfigur dienen konnte. Die Identifikation mit dem Super-Cowboy und dem ihn umgebenden mythischen Kosmos konnte – wie die Nationalsozialisten spürten – der vorbehaltlosen Verehrung Hitlers hinderlich sein.

Januar 1937 weilte Jenkins mit Sarrasani in München, April in Wuppertal, Mai in Düsseldorf, Juni in Dresden, dann folgte Preßburg/Tschechoslowakei, später Belgien; im Dezember war er in Gent. Eine Postkarte aus Ostrava/Tschechoslowakei vom 24. Oktober 1937 an Nachbar Artur Daube illustriert die Verhältnisse einer solchen Tour:

„Mein lieber Herr Daube!
Bin doch Hals über Kopf mit all meinem Kram Wagen, Postkutsche, Tiere u.s.w. über die Grenze nach Sarrasani meine eben aus U.S.A. eingetroffenen Rothäute zu übernehmen, dazu habe ich noch ein Volk Sudanesen Neger & eine Karawan Araber erhalten die alle viel Trubel mit Quartier Verpflegung, Arbeit Vorstellung u.s.w. machen dazu mein Kram, dazu meine lahmen Beene aber bin froh wieder arbeiten zu können wens auch sehr schwer wird

laufen & reiten strengt mit Schmerzen sehr an. Sonst »im Westen nichts Neues«."

Billy sandte von seinen Reisen dem Nachbarkind die neuesten Jenkins-Hefte. Er schildert auf einer dem Paket beigefügten Postkarte vom 19. Januar 1938 aus Brüssel die Leiden des vergangenen Jahres:

„Nun werden Sie vielleicht lachen. In Gent durch wilden Gaul Knöchelbruch bekommen so lag Weihnachten im Krankenbett & Neujahr evtl. auch. Schicksal 5 mal in 1 Jahr KO-gegangen durch die Tiere. Mir gings schlecht, erst schlug mir der Adler ins Auge und musste genäht werden, dan Fuhs verrenkt vom Gaul jetzt wird mir ein Adler an Lungenentzündung krank."

Der Artist war, wie aus dem Briefwechsel hervorgeht, Jahreswechsel 1937/38 an das Krankenbett gefesselt. Er schrieb auf einer Postkarte: „Alle Knochen tun weh nach der langen Faulzeit in Konjakshöhe." 1938 führte die Sarrasani-Tour unter anderem nach Österreich, im Juli trat er in Wien auf, bis zum 8. September in Linz. Auf einer Postkarte an seine Untermieter Wichmann in Konradshöhe schrieb er: „Hatte hier [in Wien, d. Verf.] grohsen Empfang & musste 4 $1/_2$ Stunde durch die Stadt reiten." Aus der Karte geht hervor, dass er kurz vor seinem Aufbruch nach Österreich einen „grohsen Falken" „noch schnell für 200 Mk." verkaufte.

Im Jahr des Kriegsausbruchs hatte Jenkins eines seiner wichtigsten Engagements: Januar 1939 trat der „König der Cowboys" in der Berliner Plaza auf. Das im Volksmund nach der Anzahl seiner Sitzplätze „Theater der Dreitausend" genannte Varieté stellte den Auftritt in einem mehrseitigen Bericht des Programmheftes in den Mittelpunkt. Der Mythos des Westmannes feiert in dem Veranstaltungsheft fröhliche Urständ:

„Billy Jenkins, der Held der Jugend, ist einer der wenigen Deutschen, die das Prärieleben des Wilden Westens von der Pike auf gelernt haben. Billy Jenkins ist der Verfasser spannender Indianerliteratur von Hunderten von Bänden (...) Billy Jenkins, der Held des Wilden Westens, Sheriff von sechs Staaten in Nordamerika, Barenjäger, Holzfäller, Cowboy, Rancher, Diamanten- und Goldsucher, Meisterschütze und Farmer, führt jetzt allabendlich seine tollkühnen Schieß- und Lassowerferkunststücke im Plaza-Theater vor. Am Schluss seines verwegenen Wildwestaktes zeigt Billy eine Raubvogeldressur, wie sie in dieser Art wohl kaum noch jemand nachmachen kann."

Weiter unten heißt es: „Billy Jenkins ist in Magdeburg geboren. Frühzeitig verlor er seine Eltern. Der Waisenbub wanderte nach Bremen und wurde als Schiffsjunge auf einem alten Segler mitgenommen (...)"

Soweit Autor Franz Xaver Dworschak, der mit seinen erfundenen Berichten über Billy den Westmanns-Mythos begünstigte. Diese Legende brachte Geld in die Kasse, weshalb der Dietsch-Verlag im Programmheft in die gleiche Kerbe schlug: „Bücher von Billy Jenkins. Kleinbändchen 30 Pfennige – Großbände (Ganzleinen) RM 3,80. Jeder dieser lebenswahren, von atemberaubender Spannung getragenen Bände ist in sich abgeschlossen. Zu beziehen durch alle Buchhandlungen oder direkt vom Werner Dietsch Verlag, Leipzig, Brüderstraße 21. Verlangen Sie kostenlos das umfassende Verzeichnis der lieferbaren Bände."

Jenkins trat in der Plaza unter anderem neben den Humoristen Ernst Suppek und Trude Lehmann, den Luftakrobaten „2 Aldons", der „gelenkigen Tänzerin" Ela von Hacht, der Akrobatik-Nummer von „Mike & Bobby" sowie dem lyrischen Bariton Rolf Sandor auf. 1939 war Jenkins ebenfalls im Operetten-Theater Leipzig anlässlich des Gastspiels der „Doorlay-Revue: Wunder-Rakete" engagiert. Außerdem trat er im selben Jahr im Ludwigshafener Pfalzbau auf.

Ein weiterer Höhepunkt seines Artistenlebens war das Engagement in der Berliner Scala, Dezember 1939. Fotografien zeigen Jenkins, wie er in dem Varieté Lassotricks und Vogeldressuren vorführt: Billy steht in der ihn umkreisenden Lasso-Schlinge, Big Loop genannt. Auf Werbeträgern betonte Jenkins, er könne „25 Yards Rope-Spinning" vorführen. Er warf das Seil derart gekonnt, dass sich im Fluge ein Knoten bildete. Andere Fotografien zeigen verschiedene Vogelbauer, die er auf einem Wagen in die Manege schob. Er trug einen typischen weißen Anzug mit aufgesetzten Brust- und Hosentaschen, mit Perlstickerei versehenen Armstulpen, an den Seitennähten mit Streifen verzierten Reithosen – mit ausgestellten Seitenteilen, am Knie eng anliegend – und braunen Cowboy-Stiefeln, die mit aufwendigen weißen Ledereinlagen und kurzen Reitsporen versehen waren. Das Oberteil des weißen Anzuges war mit schrägen, braunen Streifen verziert. Seine Weste hatte braune Motivstickereien, die einen anstürmenden Büffel, einen Cowboy beim Zureiten eines Mustangs sowie Zacken- und Sternenmotive zeigten. Die Grundfarben seines Outfits waren meist weißbraun. Zu Beginn der Vorstellung trug er eine Bullenpeitsche in der Hand, mit deren Einsatz der Auftritt begann, sowie einen riesigen Stetson, den er während der Vogelschau abnahm. Sein Haupthaar war zu dieser Zeit bereits schütter. Die Augen strahlten wegen der Einspritzung von Atropin glänzend wie große Perlen. Er trug ein Halstuch mit goldenem Indianerkopf sowie einen Coltgürtel mit stilisiertem Reitermotiv. In diesem Outfit führte er einen Waldkauz und den Kolkraben Rastelli vor.

Jenkins trat häufig in Militärlazaretten auf. Nach dem Ausbruch des Krieges am 1. September 1939 waren bald die ersten Verwundeten von der polnischen Front heimgekehrt. Die Wehrmacht versuchte, durch derartige Veranstaltungen die Stimmungslage aufzuhellen. Das Publikum bestand aus Verletzten, die in der ersten Rei-

Auftritt in einem Militärlazarett, 1939

Greifvogeldressur mit Eule, 1939

he saßen, sowie Offizieren, Krankenschwestern und Mitarbeitern. Die Veranstaltung fand augenscheinlich in einer Schul-Aula statt. Neben dem Podium befand sich ein Orchester mit Geigenbesetzung. Billys Assistent sowohl während des Scala-Auftritts wie in dem Militärlazarett war ein mittelgroßer Mann, der Stetson, Weste und riesige Chaps aus Angorafell trug. Der Artist führte die Kunst des „rope-spinning", also Lassokunststücke, sowie Kunstschießen vor: Jenkins saß mit verbundenen Augen auf einem Stuhl am Rande des Podiums und richtete das Gewehr rückwärts über die Schulter, und das Publikum sah gebannt in die Zielrichtung des Gewehrs. Der Artist befriedigte gekonnt die Phantasievorstellungen, die das Publikum von einem Cowboy hatte.

Gerhard Wrisch (Jahrgang 1927), Berliner Jenkins-Fan, schildert seinen Eindruck einer Show in den dreißiger Jahren:

„Zugegeben: Die Unbefangenheit, mit der ich vor Kenntnisnahme der Berliner Ausstellung und Biographie von Herrn Zaremba ‚Besichtigung eines Mythos' an mein Kindheitsidol heranging, hat ein wenig gelitten. Das muss beileibe kein Nachteil sein, tritt doch der Mensch Billy Jenkins aus seiner Gloriole heraus und verweist den Westernhelden und auch den Artisten in den Hintergrund.

Dabei muss ich bekennen, dass für mich bereits mit dem Einsetzen der Pubertät – und vermutlich auch wegen der gestiegenen Lernansprüche der Schule – die große ‚Billy-Zeit' vorüber war. Das mag auch mit der Einstellung der Romanhefte September 1939 zusammenhängen, die mir den Boden für meine bisherige Totalidentifikation entzog. Denn ich las mit Eifer die Abenteuer meines Helden. Ja, ich war eines Tages selbst Billy Jenkins, und sein Autogramm konnte ich täuschend ähnlich nachmachen. Meine Familie tolerierte meinen Spleen – mein Bruder adressierte selbst seine Feldpostbriefe im Jahre 1939 an Billy W.

Doch, wie angedeutet, bald danach erlosch mein ganz großes Interesse an Billy, und es blieben nur ein paar Bücher, Zeitungsausschnitte und ähnliches übrig. Für viele meiner alten Freunde blieb ich jedoch bis zum heutigen Tag sozusagen der (kleine) Billy II, der Jenkins Unterschrift nachahmen kann und der sich nach wie vor für jede Information über Billy Jenkins interessiert.

Als Billy Jenkins in den dreißiger Jahren den Zenit seines Bekanntheitsgrades erreicht hatte, war ich Feuer und Flamme für meinen Helden. So besuchte ich mit meiner Mutter eine Vorstellung des Zirkus Sarrasani. Das mag in den Jahren 1936 oder 1937 gewesen sein. Das ‚Rahmenprogramm' war für mich zweitrangig; ich wartete nur auf ihn und sah ihn endlich in seinem weißen Cowboydress die Manege durchschreiten.

Lebhafter in Erinnerung ist mir freilich sein Auftritt auf der Bühne der Berliner Plaza, wo er selbstverständlich ohne Pferd auftrat. Der Termin meiner ‚Begegnung' mit ihm steht einwandfrei fest, da ich im Besitz des Programms bin: Es war im Januar 1939. Ich war gute elf Jahre alt.

Wenn Billy die Bühne betrat, begrüßte er sein Publikum mit einer längeren Tirade auf Englisch. Nach einer betretenen Stille raunzte er ins Parkett: „Ja, kann denn hier keen Mensch Deutsch?" Die Lacher waren auf seiner Seite, und er hatte die Zuschauer schon in der Tasche. Er war mittelgroß, schlank und sportlich, und sein Haar war sehr blond. In seinen blitzenden Augen war etwas geheimnisvoll Funkelndes. Als Kind meiner Zeit dachte ich, dass so ein echter Germane aussehen müsste. So sehr nun auch seine damals sicher einmaligen Greifvogeldressuren angepriesen wurden, mich interessierte nur der Cowboy mit seinen Schieß-, Lasso- und Peitschenkünsten. Davon blieb mir ein Leben lang so viel im Gedächtnis, dass ich manchmal zweifelte, alles real erlebt zu haben. Nachdem ich jetzt aber Billys Briefköpfe mit der Darstellung seiner Präsentationen und Tricks kennen gelernt habe, traue ich meinen Erinnerungen wieder. So war mir seine Darbietung, in der er mit zwei Gewehren erst die Schnur eines Luftballons mit dem einen, dann den aufsteigenden Ballon mit dem anderen Gewehr trifft, bereits als Junge etwas fragwürdig. Das galt auch für den berühmten Schuss rückwärts über die Schulter mit verbundenen Augen. Aber ich zweifelte eben nur ein bisschen, denn ich wollte mir ja die Illusion vom treuen Cowboy, vom harten Sheriff, vom Kämpfer für Recht und Ordnung nicht selbst zerstören.

Bekannt war mir natürlich, dass Billy seine Abenteuer nicht selbst niederschrieb. Die Autorennamen waren ja groß und breit auf der Titelseite verzeichnet. Aber da es bekanntlich um „Berichte und Aufzeichnungen des Westmannes B. J." ging, glaubte ich doch an einen erheblichen Anteil von Wahrheitsgehalt in den Erzählungen. Und zeigte Billy auf der Bühne nicht, wie gut er schießen konnte, war er nicht der Typ, dem man seine Abenteuer abnahm?

Über sechzig Jahre ist es inzwischen her, da ich Billy Jenkins hautnah erleben durfte. Er ist vor meinem geistigen Auge immer noch präsent: als großartiger Cowboyartist, aber auch, das sage ich ohne Scham, als Schmökerheld – verschmolzen zu einer Persönlichkeit, die mir und vielen meiner Generation in einer engherzigen Zeit eine Fiktion der ‚großen weiten Welt' vermittelte."

4. Die „Arisierung"

Der Briefwechsel mit dem wandernden Künstler war umständlich, denn Jenkins befand sich häufig außerhalb Berlins, und seine Tournee-Adressen waren nicht immer aktuell. Jenkins Briefkopf und Stempel trug die Aufschrift

Perm. Adr.:
Billy Jenkins, Farm.
Berlin, Tegel-Conradshöhe
Habichtstraße 8. – Phone c o – 8409

So lautete die postalische Anschrift für die ihn kontaktierenden Manager, Behörden und Privatpersonen. Er benutzte den Stempel als Exlibris bei Widmungsexemplaren seiner Hefte, auf Postkarten und Buchgeschenken. Die Baupolizei Reinickendorf machte seit 1936 Jenkins Auflagen zum Umbau seines Hauses. Der Hausherr, der Teile der Immobilie vermietet hatte, antwortete März 1937:

„Ich bitte um Stundung mit der Begründung, das ich im Moment keine Kapitalien dazu besitze, außerdem z. Zt. arbeitslos als Artist bin & durch die vorgenannten verschiedenseitigen Mietsausfälle in sehr bedrängter Lage geraten bin. Ich habe das Opfer gebracht trotz meines im Engagement guten Einkommens um die eingegangenen Verpflichtungen nachkommen zu können, auf der dauernden 12-monatlichen Reise anstatt im Hotel, habe ich in einem Circuswagen geschlafen trotzdem ich ein reichliches Einkommen hatte."

Jenkins hatte Erfolg mit der Räumungsklage gegen die Anlieger seines Hauses, die in Mietzahlungsverzug geraten waren und sich des Stromdiebstahls und der Sachbeschädigung schuldig machten. Er ließ durch das Konradshöher Baugeschäft Friedrich Seidel und den Töpfermeister Kluge die baupolizeilichen Beanstandungen beheben. Januar 1938 war der Umbau des Erdgeschosses beendet. Er vermietete die linke Hälfte des Parterre-Geschosses an Familie Wichmann, die das Haus gemeinsam mit Frieda Schönmann bewohnte.
    Der Artist benutzte für den Briefwechsel mit der Behörde zwei-

farbige Papierbögen, die in Anlehnung an die US-amerikanischen „Letterheads" – Briefköpfe – den Künstler mehrsprachig und in bildlicher Darstellung als „Only one on earth. Le plus grande recorde du monde. Non plus ultra. Bullwhip Expert. Bird of prey. Rope spinning etc." anpriesen. Ein Briefkopf trägt das Brustbild des Künstlers mit der Unterschrift: „The great Cowboy Attraction for Variety – Theatre – Revue – Circus – Film – Pictures – Fair – Exhibition." Ein Brief, der am 8. Februar 1937 bei der Baupolizei eintraf, enthält folgende Erklärung von Jenkins: „Ich bitte des Weiteren berücksichtigen zu wollen, das ich vor etwa 15 Monaten das Hausgrundstück durch Erbschaft übernehmen musste, wollte ich es nicht, das es in jüdische Hände fiel." Er unterschrieb „Heil Hitler. Pg. [=Parteigenosse; d. Verf.] Erich Fischer/Billy Jenkins." Der Halbjude war Mitglied der Nationalsozialistischen Deutschen Arbeiterpartei geworden.

Vor der Beurteilung des Verhältnisses von Jenkins zum Nationalsozialismus muss die Sicherung des Datenbestandes stehen, denn die Vorurteile gegenüber dem halbjüdischen Künstler reichen von Diffamierung als Nazi bis zur Rechtfertigung als „Anti-Faschist". Eine Fotografie, die Jenkins in der Manege mit stolz emporgehobenem Hakenkreuz zeigt und die von ihm mit „Heil Hitler" unterzeichnet wurde, ist selbstverständlich kein Beleg für seine Affinität zum III. Reich. Das personenbezogene NSDAP-Dossier des Artisten befindet sich im Bundesarchiv in Berlin-Lichterfelde und ist dort nur unter Auflagen einzusehen. Für die Berliner Jenkins-Ausstellung im Jahre 1998, die im Auftrag des Kulturamtes von Berlin-Reinickendorf veranstaltet wurde, durfte der Verfasser das Dossier auswerten.

Die Aktenlage zeigt folgenden Befund: Jenkins trat 1933 der NSDAP unter dem Namen Rosenthal bei; seine Mitgliedsnummer lautete 2839555. Am 3. Februar 1934 änderte Rosenthal seinen Geburtsnamen in Fischer um mit der Begründung: „das ich meinen Geburtsnamen = Fischer = unter Nachweisbringung meiner rein arischen Abstammung von Herrn Ministerpräsident GÖRING der Preußische Minister des Innern durch obige Urkunde wieder erhalten habe. Da ich im 6 ten Lebensjahre durch die Ehe meiner Mutter mit Georg Rosenthal adoptiert und dessen Name erhielt." [Abschrift der Urkunde über Namensänderung vom 26. Oktober 1934; Gesch. Nr. IZR 65 II/33]. Recherchen beim zuständigen Amtsgericht Berlin-Wedding ergaben indes, dass im fraglichen

Brief an das Bauaufsichtsamt Reinickendorf, 1936

Zeitraum ca. 1890–1892 keine Adoption eines Georg Rosenthal gegenüber Erich Fischer stattfand [Schreiben des Amtsgerichts Wedding an den Verfasser vom 29. August 1998]. Entgegen Jenkins Erklärungen war er im rassischen Sinne Halbjude. Der Familienname Rosenthal wurde laut Abstammungsurkunde mit Wirkung vom 3. Februar 1934 in Fischer umgewandelt. Sein Briefkasten trug diesen Namenszug, und die Bewohner von Konradshöhe kannten den Künstler unter dem bürgerlichen Namen Erich Fischer.

In einer Einwohnermeldekarte des Landesarchivs Berlin wird als Religionszugehörigkeit von Georg, Erich und Elfriede „mosaisch" genannt, obwohl Georg nach Auskunft des „Centrum Judaicum" [Brief an den Verfasser vom 26. März 1998] im Jahr 1920 aus der jüdischen Gemeinde ausgetreten war. Er hatte vermutlich vergessen, die Behörden von seinem Austritt in Kenntnis zu setzen. Erstaunlich ist, dass auch Elfriede Rosenthal als Angehörige des jüdischen Glaubens benannt wurde. Vermutlich handelte es sich um einen Irrtum oder Frau Rosenthal bekannte sich aus familiärer Loyalität zum jüdischen Glauben. Am 29. März 1933 traten Mutter und Sohn der evangelischen Kirche bei.

1935 richtete die NSDAP in Konradshöhe, Eichelhäherstraße 6, später Sandhauser Straße 14, einen so genannten „Stützpunkt" ein, der zur Ortsgruppe Konradshöhe-Tegelort gehörte. Ortsgruppenleiter war von Anfang der dreißiger Jahre bis ca. 1943 Martin Hass (1900–1958), ein guter Bekannter von Jenkins. Sein Sohn berichtet, dass er gemeinsam mit seinem Vater die Farm besuchte. Jenkins trat in Zivilkleidung, aber mit großem „Trapperhut" auf und führte die Gäste durch seine Wohnung, wo sich Steinkäuze und andere Kleinvögel befanden, sowie durch den Garten mit den zahlreichen Volieren. Der Artist war ebenso beeindruckend wie das Ambiente seiner Umgebung: Jenkins wirkte sehr „männlich"; die verstreut stehenden Indianerzelte verbreiteten eine romantische Atmosphäre.

Billys „Arisierung", wie sie am 6. Februar 1935 in der NSDAP-Kartei-Abteilung, München, Brienner Straße 45, für die Gauleitung Groß-Berlin durchgeführt wurde, hatte gleichsam tragikomische Züge. Die Mitglieder der NSDAP-Ortsgruppe trafen sich oft in der Gastwirtschaft „Zum Habicht", nahe dem Café Süßmilch. Es wird berichtet, dass der Ortsgruppenleiter dem prominenten Mitglied eines Tages während einer Zecherei nahe legte, seinen Familiennamen zu ändern, denn Rosenthal sei für einen Parteigenossen ein unpassender Name. Billy gab volltönend die Mär von der Adoption durch Georg Rosenthal und der leiblichen Abstammung von seiner „arischen" Mutter Elfriede Fischer zum Besten, was gerne geglaubt wurde. Der Ortsgruppenleiter schlug Billy vertraulich auf die Schulter, verfasste tags darauf ein Schreiben mit Stempel, und damit war Billy Jenkins „arisiert" – ein Beispiel für den Umgang mit der Rassenfrage an der Parteibasis. Es ist anzunehmen, dass Billy als prominenter und beliebter Zeitgenosse gleichsam „privilegiert" behandelt wurde.

Politische Institution der nationalsozialistischen Gleichschaltungspolitik war die Reichskulturkammer. Die am 22. September 1933 gegründete Dachorganisation des Berufsstandes der „Kulturschaffenden" unterstand dem neu geschaffenen Reichsministerium für Volksaufklärung und Propaganda. Die Reichskulturkammer gliederte sich in Reichsschrifttums-, Reichspresse-, Reichsrundfunk-, Reichstheater-, Reichsmusik-, Reichsfilmkammer und die Kammer für bildende Künste. Hauptziel war die Durchführung des Gesetzes „Zur Gleichschaltung aller Länder mit dem Reich" vom 31. März 1933, das die Entfernung von Juden und Oppositionellen aus dem Kulturbereich sowie die Verbreitung nationalsozialistischen Gedankengutes betrieb. Präsident der Reichskulturkammer war Joseph Goebbels, der die Präsidenten der Einzelkammern ernannte. Die Mitgliedschaft in der neu gegründeten Reichsfachschaft Artistik war ab August 1936 Voraussetzung für künstlerische Aktivitäten auf dem Boden des Deutschen Reiches. Bedingung für eine Arbeitserlaubnis war der Besitz der Mitgliedskarte, die nur infolge des Ariernachweises vergeben wurde. Der Reichsverband der deutschen Artistik, eine Einzelkammer der Reichskulturkammer, gliederte sich in den Varieté-, Theater- und Zirkusdirektorenverband sowie in den Berufsverband deutscher Artisten. Die Gleichschaltungspolitik wurde nach Beendigung der Olympischen Spiele verschärft. Gemäß einem Erlass vom 8. Februar 1936 war es deutschen Artisten verboten, sich einen ausländisch klingenden Namen beizulegen; ab 1939 gab es ein grundsätzliches Verbot englisch klingender Pseudonyme. Trotzdem durfte Jenkins weiterhin seinen Künstlernamen verwenden.

Die „Arisierung" von Jenkins war also Voraussetzung für die Aufnahme in die Reichsfachschaft Artistik, ohne deren Mitgliedschaft der Artist in Deutschland keine Arbeitsverträge erhalten hätte. In dem Aufnahmeantrag, der ca. 1935 ohne erkennbare Da-

tumsangabe an die Reichstheaterkammer in Berlin-Dahlem, Rhein-
badenallee 35, gerichtet war, gab Jenkins folgende Anworten:

Beruf: Dresseur, Dompteur, Lasso & Bullenpeitschenkünst-
ler, Kunstscharfschütze, Cowboydarsteller, Reiter.

Bürgerlicher Name: Erich Rudolf Otto Fischer

Künstlername: Billy Jenkins; jetzt: B. Jenkins/Fischer Wildwest Schau

Staatsangehörigkeit: Reichsdeutscher

Religion: evangelisch

Wohnung: Billy Jenkinsfarm Konradshöhe bei Bln/Tegel
Habichtstraße 8

Fernspr.: 309011

Mitgliedschaft in artistischen Berufsorganisationen: IAL (In-
ternationale Artistenloge) & London VAF [ausländische
Version der Artistenloge; d. Verf.]

Mitglieds-Nr. Reichstheaterkammer Fachschaft Artistik: Nr.
5492

Waren Sie Frontkämpfer: Ja, 1. Weltkrieg, 4 Jahre

Üben Sie einen anderen Beruf aus? Nein

Letztes Engagement: z. Zt. Circus Max Holzmüller; sonst
meist Wehrbetreuung

Liegt ein Vertrag für die kommende Zeit vor? Sept. Danzig
Direktion Angerer. Oktober & November Director Sluka

Jenkins als Trick-Roper, 1939

So weit ein Teil der im Bundesarchiv dokumentierten Aktenlage zu Jenkins, woraus insgesamt hervorgeht, dass er Februar 1933 der NSDAP beitrat, zweimal die Spende „Künstlerdank" erhielt und 1942 um Neuausgabe seines verloren gegangenen Parteibuches nachsuchte. Die Dokumente deuten auf Jenkins als „Mitläufer" hin, der seine Parteimitgliedschaft ohne besondere politische Ambition betrieb. Allerdings sprechen Zeitzeugen wie Dokumente davon, dass Habichtstraße 8 eine „Hochburg der Nazis" war: In einem Schreiben vom 19. November 1940 wird Jenkins Wohnsitz als NSV-Geschäftsstelle ausgewiesen. Zugleich war die NS-Frauenschaft in der Habichtstraße ansässig – die Nazi-Damen trafen sich bei Billy zum Häkelkränzchen, zu ihnen gehörte auch Frieda Schönmann.

Jenkins prekäres Verhältnis zum Nationalsozialismus wird auch durch den Erbschaftsprozess deutlich, den seine Stiefschwester Else – Tochter seines Vaters – nach dem Tode der Mutter einleitete. „Else hat Klage eingereicht", heißt es auf einer Postkarte von Juli 1936 aus Neumünster, die Jenkins an langjährige Freunde seines Vaters, Max und Frieda Lorenz in Zerpenschleuse/Brandenburg, schrieb. Die Stiefschwester erhob gerichtlich Anspruch auf Teile des Vermögens und unterstellte Jenkins, dass er auf Kosten seiner Eltern gelebt und nur schlecht bezahlte Engagements gehabt habe.

Die Stiefschwester forderte unverzügliche Klärung der Erbregelung. Jenkins verstieg sich daraufhin schriftlich gegenüber Max und Friedel Lorenz zu groben antisemitischen Auslassungen:

Er habe „Sorgen mit der Judenbande. Am 7. September [Gerichtstermin; d. Verf.] wird sich ja vieles klären. Der Prozess dreht sich bei den Juden um Verdrehung wie es ja diese Bande immer getan. (...) Vor allen soll ich Beweis bringen, das ihr die Brillanten von Mutti s. Zt. versetzt habt. Also wo sie verblieben. Weiter dass ihr s. Zt. von Mutter die Hornmöbel & das Klavier kaufen wolltet, aber Mutter euch erklärte das diese Möbel & braunes Klavier nicht ihr gehöre, sondern ihrem Sohne Erich gehören. Damit habe ich den Nachweis gegen die Angaben der Juden erbracht.

Dan wird vor allen Dingen von den Juden gegen meine Hypotheken angegangen, wodurch sich deren Erbe erhöhen möchte (...) Auch ihr wisst & könnt ehrlich bezeugen, das ich stets Gelder an Mutter gab, alles immer darum damit Mutters Ehemann keinen Streit & Krach mehr macht. Bereits vor dem Kriege gab ich ständig Gelder das wisst ihr auch, das ich s. Zt. als Else Rosenthal ihre Eltern damals verklagte, habe ich die Summe die sie verlangte bezahlt (...) Die Postabschnitte, die dem Gericht übergeben beweisen das ich bis zum Tode der Mutter zu Seite stand, alles will mir nun die Judenbande streitig machen (...) Diese Zeilen sollen keine Beeinflussung für euch sein, nur sollt ihr wissen wie Juden alles zu verdrehen versuchen die Tatsachen auf den Kopf stellen."

Der Reinickendorfer Zeitzeuge Heinz Schultze (Jahrgang 1923) erinnert sich an die Hintergründe der verwandtschaftlichen Differenzen: Ein Cousin seines Vaters Georg Schultze (1897–1950) war der ca. 1890 geborene Max Schultze, dessen Todesjahr unbekannt ist. Max Schultze wohnte in der Cantianstraße/Berlin-Prenzlauer Berg, wo er eine Knopflochstepperei betrieb. Er heiratete nach dem Ersten Weltkrieg Else Rosenthal, Stiefschwester von Billy, die aus einer Verbindung zwischen Georg Rosenthal und einer Frau stammt, von der nur bekannt ist, dass sie „Volljüdin" war. Billys Stiefschwester musste in den vierziger Jahren den Davidsstern tragen. Sie überlebte das Kriegsende, weil Georg Schultze die Frau in Berlin-Prenzlauer Berg, Greifswalder Straße 10, heimlich einquartierte. Der Zeitzeuge erinnert sich daran, dass „Tante" Else leidenschaftlich gern Bohnenkaffee trank.

Max Schultze, Assistent von Jenkins und Ehemann von Billys Stiefschwester Else

Max Schultze war eine Zeit lang vor dem Ersten Weltkrieg Assistent von Jenkins in dessen Scharfschützennummer. Er behauptete, dass Billy niemals in den USA gewesen sei. Schultze war Gründungsmitglied der Kommunistischen Partei in Berlin. Diese Tatsache, verbunden mit der „volljüdischen" Herkunft von Schwester Else, führte seitens Billys zu rüden Auslassungen gegen seine Verwandten:

„Schliesslich habe ich ja das ganze Leben dafür gearbeitet meiner Mutter ihr trauriges Los zu erleichtern & ihr die Gelder gegeben das sie nun auch für mich einmal ein Haltpunkt im kommenden Alter sein sollen, nicht das sich für mein bares gegebens Geld die jidische Halbschwester nun fettfrist & ich der anschaffende alles verliert & die nichts weiter getan hat als ihre eigenen Eltern in Dreck getreten ihren Vater wie ihre Mutter nur das ganze Leben verbittert hat nun noch Ansprüch in ungerechterweise an mich höher stellt als die ganze Erbschaft ausmacht & mit jiddischer Frechheit mehr zugestanden wird als ihr zukommt. Ich habe ihr sogar um einen Prozess zu vermeiden einen guten Ausgleich angeboten aber die Juden können nun mal nicht genug kriegen das alte ewige Lied. Hinzu kommt der kommunistische Ideengang des Max Schultze als Vollblutkommunist & ehem Kurier dieser Partei für Österreich. Ich möchte wetten, das wen man bei Schultzes & seinen Angehörigen Geschwister Schwager & s w bei dieser ganzen Bande plötzlich eine Haussuchung halten würde die döllsten Papiere zum Vorschein kämen, den das ist schon immer ein wahres Räubernnest wie du ja auch weist wir kennen sie ja genug deshalb haben wir ja auch niemals gut verkehrt."
[Brief vom 4. November 1935 an Max und Frieda Lorenz, Zerpenschleuse/Brandenburg].

Max Schultze überlebte wie seine Frau das Kriegsende, obwohl er 1945 in den Volkssturm eingezogen wurde. Der ehemalige Assistent von Jenkins sagte sich in den fünfziger Jahren vom Kommunismus los und ist an der Seestraße auf dem Friedhof Berlin-Wedding bestattet. Else und Max hinterließen keine Kinder. Der Erbschaftsprozess, dessen treibende Kraft Max Schultze war, ging wohl zugunsten von Jenkins aus, wie anhand des Briefwechsels vermutet werden kann.

Jenkins äußert sich in einem Brief vom 4. November 1935 im bewegenden Ton über den Tod seiner geliebten Mutter: „Ich kann mich von den Schmerz & den für mich unerträglichen Verlust meiner armen guten treuen Mutter nicht erholen & und kann es heut immer noch nicht fassen. Ich habe das Gefühl das ich ihr nun auch bald nachfolgen werde." Die Verehrung der verstorbenen Mutter geht einher mit Hassausbrüchen gegen den Vater, die von heftigen antisemitischen Äußerungen begleitet sind. Er bezeichnet seinen Vater als „der Jude" und schreibt: „Georg Rosenthal war ein gewerbs & gewohnheitsspieler in Hasardkarten", „auch Max [Lorenz; d. Verf.] wollte der Jude zum Spiel & Falschspiel verleiten." Er wirft dem Vater vor, dass dieser mühsam verdientes Geld seiner Frau „an Spieltischen" vergeudet habe. Angeblich war Familie Rosenthal vor dem Ersten Weltkrieg durch Spielschulden des Vaters derart in finanzielle Bedrängnis geraten, dass Elfriede – selbst hergestellte – Möbelpolitur verkaufen musste:

„Alle Gelder, die seine Frau im Geschäft verdiente, oder durch ihren Handel mit Möbelpolitur (eigene Erfindung) verprasste der Jude auf In & ausländischen Rennplätzen oder im Spielsall Monte Carlo (...) Dadurch kam oft Not im Hause & immer war es Erich der mit seinem Gelde aushelfte die mütterlichen Sorgen nahm (...) Wen ich nun in den letzten Jahren nach dem Tode des Juden [er meint seinen Vater; d. Verf.] nicht als Artist tätig war, so war es, um meine alte Mutter in ihren Geschäft Restaurant zu unterstützen."

Die Vermutung liegt nahe, dass der Anlass für den Antisemitismus sublimierter Hass gegen den Vater war. Eine ausgeprägt ödipale Neigung begünstigte die Anlehnung an nationalsozialistische Denkmuster, die dem Vaterhass eine öffentliche Legitimation gaben.

Der Ungeist der Zeit schlug zunehmend in zunächst naiv-

Jenkins mit Hakenkreuz und Reichsadler in der Manege

humorvoll, später aggressiv vorgetragenen Angriffen gegen jüdische Künstler durch. Anfangs waren es noch Witze und Sticheleien, die das feixende Publikum erheiterten. Die nationalsozialistische Führung sah sich durch solche Tendenzen bestärkt und schuf ihnen einen politischen Rahmen. Jenkins, der vermutlich nie ein ausgeprägt religiöses Bedürfnis besaß und die jüdische Religion und Herkunft nicht akzeptierte, distanzierte sich von dem verräterischen Namen des Vaters Rosenthal. Am liebsten ließ er sich „Billy" nennen und trat gegenüber Nachbarn als Erich Fischer auf. Aber seine Neigung zur Anpassung an den Zeitgeist ging über den Namenwechsel hinaus. Er biederte sich den Nationalsozialisten an, indem er Auftritte auf sie abstimmte. Es wird berichtet, dass Jenkins während einer Greifvogeldressur zum Gaudium anwesender Parteigenossen ein metallenes Hakenkreuz in die Luft warf, das von dem „Reichsadler" Goliath im Fluge aufgefangen wurde. Die Allegorie der Einheit des Deutschen Reiches mit dem Nationalsozialismus sollte in diesem Kunststück Ausdruck finden. Eine andere Fotografie zeigt Jenkins, wie er auf der Bühne triumphierend ein großes Hakenkreuz über dem Kopf hält, auf dem der „Reichsadler" thront. Dieser Auftritt zeigt, wie stark Jenkins „mit den Wölfen heulte", wie es eine Redensart ausdrückt. Eine Postkarte an Walter Heidtke bereits von 1933 trägt die Unterschrift „Heil Hitler. Ihr Billy Jenkins". Ein Zeitzeuge berichtet von einem Kunststück, das der Artist 1935 im Bau des Zirkus Busch vorführte: Ein Adler flog auf eine Wippe, worauf sich ein Fallschirm entfaltete, bei dem während des Herabgleitens das Hakenkreuz zeigte.

Der Künstler war ein naiv-unpolitischer Charakter, der, um seine glanzvolle Rolle weiterspielen zu können, wenig Hemmungen kannte. Er verleugnete nicht nur seine Herkunft, sondern stellte sich bewusst auf die Seite der neuen Mehrheit. Zu sehr war ihm die Rolle als Flitter-Held in Fleisch und Blut übergegangen, als dass er zugunsten der Wahrheit auf diesen Mythos hätte verzichten wollen. Der Verlockung, auch weiterhin Mittelpunkt des allgemeinen Interesses zu sein, konnte er nicht widerstehen. Vor allem galt es, sich vor der alltäglichen Bedrohung durch die Nationalsozialisten zu sichern. Der Schutzmantel, den er um seine Herkunft legt, konnte gar nicht stark genug sein. Das war seine Überlebensstrategie: Je bekannter der Künstlername und je deutlicher sein Bekenntnis zum Nationalsozialismus war, desto wahrscheinlicher konnte er dieser Bedrohung entgehen. Jenkins stand mit der Ausübung seines Berufes in unmittelbarer Abhängigkeit von Joseph Goebbels, zu dem er nach eigenen Angaben „ein gutes Verhältnis hatte". Der Propagandaminister ließ den populären Cowboy gewähren, stellte ihm keine Hindernisse in den Weg. Der Artist konnte auf deutschem Boden weiterhin ungestört seinen Beruf ausüben und war – zunächst – keinerlei Repressalien ausgesetzt.

Im Gegenteil widerfuhr Jenkins, der Mitglied im Deutschen Falknerorden war, angeblich die Ehre, von der Reichsführung zur Vorführung einer Beizjagd eingeladen zu werden. Hermann Göring, seit Juli 1934 unter anderem Reichsforst- und Reichsjägermeister, hatte sich in der nordöstlich von Berlin gelegenen Schorfheide am Werbellinsee einen stattlichen Wohnsitz namens „Karinhall" errichtet. Görings Reichsfalknermeister Renz Waller lud den Artisten dorthin zu einer Beizjagd ein. Jenkins, der in einem Wagen von Konradshöhe abgeholt wurde, erschien in einen deutschen Jägeranzug gekleidet und führte einen großen Steinadler mit. In der Nähe des Werbellinsees sollte die Beizjagd durchgeführt werden. Diese Art der Jagd auf Vögel und Kleinwild wird durch abgerichtete Greifvögel, meist mit Falken, betrieben. Die Abrichtung, das so genannte Abfragen, setzt die völlige Zahmheit der Tiere voraus. Der Beizvogel, dem man eine die Augen bedeckende Haube über den Kopf stülpt, wird auf der von einem dicken Handschuh geschützten Faust getragen. Erst wenn er Wild jagen soll, wird ihm die Kappe abgenommen. Jenkins beabsichtigte die Beizjagd mit dem riesigen Steinadler Goliath. Diese Greifvögel leben meist in unzugänglichen Gebirgshochlagen und Steinwüsten. Der vorwiegend dunkelbraune Vogel mit goldgelbem Hinterkopf und Nacken, gelber Wachshaut und gelben Zehen führt die Jagd in niedrigen Überraschungsflügen aus, wobei er besonders Wildhühner und mittelgroße Säugetiere wie Murmeltiere, Hasen, Füchse mit seinen sehr kräftigen, spitzen Krallen ergreift und tötet. Steinadler werden dreißig bis vierzig Jahre alt. Später wurde kolportiert, dass Hitler während dieser Beizjagd zugegen gewesen und sogar von dem Adler angegriffen worden sei. Indes muss diese Geschichte ins Reich der Fabel gewiesen werden, denn Hitler verabscheute Jagden und war vermutlich nicht anwesend. Billy hat dieser Episode gewiss eine solche Wendung gegeben, um der Begebenheit mehr Bedeutung beizumessen und dem Publikum der fünfziger Jahre zu suggerieren, er habe die damalige Reichsführung abgelehnt.

Die Gründung der Reichsfachschaft Artistik begünstigte den

Jenkins mit Lasso, 1939

Niedergang der deutschen Varieté-Kultur, denn ohne die zahlreichen jüdischen Künstler, ohne englisch klingende Namen und mit der allgegenwärtigen Bespitzelung durch den nationalsozialistischen Staatsapparat wurde das freie Künstlertum behindert. Das Absterben der Varietés war allerdings nicht nur in der Gleichschaltungspolitik begründet, sondern auch in dem Aufkommen anderer Unterhaltungsmöglichkeiten: Sportliche Großveranstaltungen wie Fußballspiele, Boxkämpfe und die Vorführung von Kinofilmen mit den bekannten Stars der Leinwand lockten die Bevölkerung an.

Jenkins trat, wie im vorigen Kapitel erwähnt, Dezember 1939 sowohl in der Scala als auch im Militärlazarett unter dem Namen Billy Jenkins auf. Diese Tatsache ist bemerkenswert, weil die Hefte und Bücher seit September in Deutschland wegen des amerikanisch klingenden Namens des Titelhelden durch die Reichsschrifttumskammer verboten waren. Dennoch durfte der Artist sogar bei Frontveranstaltungen unter seinem Künstlernamen auftreten: Billy Jenkins war dem Publikum zum Synonym für glamouröse Wildwestromantik geworden; die phantastische Einheit von Reit- und Schießkunst mit der Dressur von Greifvögeln war einzigartig in der Varieté- und Zirkuswelt. Seine rassische Herkunft war gegenüber den Machthabern mit Erfolg kaschiert.

5. Spätzeit

Jenkins trat in der Wintersaison 1939/40 in Varietés und bei der Wehrmachtsbetreuung (KdF) auf, meist in Westpolen. Erst in der für ihn schicksalhaft werdenden Sommersaison 1940 gastierte er wieder in einem Zirkus. Nachdem Paula Busch (1894–1973) Berlin verlassen musste, weil das feste Busch-Gebäude 1937 abgerissen worden war, versuchte sie, Hamburg zu ihrer Residenz zu machen. Die „Straßburgers", eine altgediente jüdische Zirkusfamilie, wurde mit Gründung der Zelt-Zirkus Busch GmbH in den Zirkus Busch eingegliedert. Die Gesamtleitung des riesigen Wanderzirkus oblag Emil Wacker, der für kurze Zeit Ehemann von Paula Buschs Tochter Micaela war. Wacker war Mitglied der NSDAP – eine Tatsache, die sich zu dieser Zeit politisch und geschäftlich günstig auswirkte, denn für eine derartige Tournee musste die Genehmigung der Fachschaft Artistik in der Reichstheaterkammer vorliegen. Einer der Höhepunkte der Show war der Auftritt von „Frau Direktor Micaela Busch-Wacker – Enkelin des Begründers der Busch-Dynastie", die mit ihrer hohen Schule der Reitkunst das Publikum in den Bann schlug.

Die Saison des Jahres 1939 führte – ohne Billy Jenkins – durch Rumänien und war von einer Vorstellung vor dem König in Bukarest gekrönt. Vom Wintergastspiel 1939/40 in Breslau, wo Busch einen festen Bau besaß, ging es nach Schwiebus – von wo sich Jenkins eine „Kiste mit 3 Korbflaschen" nach Hause senden ließ – und Krakau, wo ab März vor den Spitzen der „Generalgouvernements-Verwaltung" gespielt wurde. Der Warschauer Zirkusdirektor Staniewski fungierte als Organisator der Tournee. Wildwest-Milieu war in der Vorstellung ebenfalls vertreten, denn Billy schrieb am Tage der letzten Vorstellung in Warschau: „Den Indianern & Desperados habe die Zelte abzubrechen & auf Feld aufzuschlagen." Von der polnischen Hauptstadt kam der Tross mit dem Chapiteau für 4000 Sitzplätze über Kielce, Skarzysko-Kamienna, Radom, Lublin, Skierniwice und Tomaszow zu einem Gastspiel nach Litzmannstadt, dem polnischen Lodz. Am Freitag, 16. August, begann die Vorstellung, die für vier Tage geplant war. Sie wurde jedoch „wegen stürmischer Nachfrage" bis zum Sonntag, den 25. August verlängert, obwohl kurze Zeit zuvor bereits der Wanderzirkus Althoff in Litzmannstadt gastierte. In einem Zeitungsbericht heißt es zum Thema „Polizeistunde":

„Allen Kreisen der Bevölkerung ist der Besuch des Circus Busch-Berlin auch zu den Abendvorstellungen dadurch ermöglicht worden, dass die Circus-Eintrittskarte als Ausweis für den Heimweg bis 24 Uhr gilt. Diese Erleichterung gilt ausdrücklich auch für P o l e n."

Dieser spezielle Hinweis für die polnische Bevölkerung deutet auf deutsche Repressionsmaßnahmen gegenüber den Einheimischen hin: Die Besatzungstruppen wollten sich vor den unterdrückten Einwohnern, in denen latenter Hass schlummerte, sichern. Es gab in der Berichterstattung viele herabwürdigende Artikel über polnische Bürger: So weist ein Journalist darauf hin, dass polnische Landbewohner dem Zirkus Katzen als Löwenfutter oder ihre Töchter als Assistentinnen anboten. In den Berichten der Litzmannstädter Zeitung jener Zeit sind durchweg subtile antipolnische Diskriminierungen enthalten.

Die Nachmittagsvorstellung erfolgte um 15.30 Uhr, der Abend-

Programmheft des Zirkus Busch, 1940

auftritt um 19.00 Uhr. Das Saisonprogramm des Jahres 1940 pries den Zelt-Circus Busch-Berlin als „Gipfelpunkt deutscher Organisation und Circuskunst" an. Weiter heißt es:

„In der Zelt-Spielzeit 1940 bringt Busch-Berlin zum ersten Male in einem Circuszelt die gigantische Busch-Original-Schau
Menschen – Tiere – Sensationen
mit einem dreistündigen Riesenprogramm
circensisch-artistischer Höchstleistungen
nach dem einzig dastehenden Vorbild der Busch-Gastspiele in den größten Sporthallen des Reiches und des Auslandes mit 10000, 20000 und 25000 Sitzplätzen unter Einführung des sensationellen, neuen, temposteigernden Busch-Regiesystems. Im pausenlosen Wechsel zwischen Manege, Bühnenpodium und Circuskuppel.

Ein breitgestaffeltes Angebot der berühmtesten deutschen und neutralausländischen Artisten bringt unter dem Busch-Zelthimmel Weltstadt-Sensationen im Parterre und in der Circuskuppel, am Reck, am Hochtrapez, an der Perchestange, auf dem Trampolin und den Seilen. Reit- und Schiesskünste, wirbelnde Nationaltänze, Dressurwunder an Raubvögeln wechseln ab mit gelehrigen Tigern u. Bären, störrischen Eseln, einem Hunde-Fußballmatch und großartigen Dressurgruppen aus dem Busch-Marstall, der seit Jahrzehnten eine Hochburg der klassischen Zirkuskunst ist. Niemals seit seinem Bestehen zeigte Busch-Berlin ein abwechslungsreicheres, tempogeladeneres Programm, als die Spielfolge der Kriegs-Zeltsaison 1940: Menschen – Tiere – Sensationen."

Unter anderem trat die Raspini-Truppe auf:

„Equilibristen und Perche-Akrobaten auf freistehenden Leitern nennen sich nüchtern und sachlich diese fünf einzigartigen Künstler, die uns ein Kabinettstück vollendeter Artistik zeigen: Jonglieren und Kraftbalancen lebender Menschen, während deren sie aber nicht – wie andere – auf festem Boden stehen, sondern auf den Sprossen schwankender Leitern."

Jenkins war mit dem weiblichen Familienoberhaupt, Tamara Raspini, befreundet. Frau Raspini erwarb 1955 die Liegenschaft in Reinickendorf von Frieda Schönmann.

Weitere Artisten, die neben Jenkins auftraten, waren unter anderem „Busch's prachtvolle Königstiger-Gruppe, dressiert und vorgeführt von dem besten Tigerdresseur Europas August Mölker", die „Schönheit und Grazie auf dem Drahtseil" zeigenden „Schwestern Julct", die „tanzenden Tscherkessen der York-Truppe", „Ruth Worris Mannschaft fußballspielender Hunde", „Guldan's drei urkomische Grizzlybären" sowie als Clownsnummer die „Vier Colettis", die unmittelbar vor Jenkins auftraten. Musikalisch umrahmt wurde die Vorstellung vom Circus-Busch-Orchester; die Besucher konnten täglich von 10 bis 20 Uhr die „Große Tierschau" besichtigen.

Jenkins ist auf der Rückseite des Programmheftes inmitten zweier Zeichnungen zu sehen, wie er triumphierend einen Adler auf der hochgestreckten Faust hält. Der vorletzte Auftritt auf dem Bühnenpodium, Nr. 23, war derjenige des Cowboy-Artisten:

„Der weltberühmte deutsch-amerikanische Cowboy-König produziert sich als staunenswerter Kunstschütze und zeigt seine, in der

Welt einzig dastehenden Dressurwunder an den größten Raubvogelarten: Steinadler, Seeadler, Uhu, ferner an Eulen, Käuzen, Raben etc. Die Tierliebe eines einsamen Wanderers im Felsengebirge hat es – wie noch nie ein Mensch zuvor – vermocht, die Scheu der wilden Vogelwelt zu bezwingen."

In Litzmannstadt erfolgte der Zeltaufbau am verkehrsgünstig gelegenen Wasserring. Dort war der letzte Auftritt des Artisten vor dem schweren Unglück am Montag, dem 26. August 1940, das ihn für immer prägte. Die Litzmannstädter Zeitung vom 27. August 1940 teilte Folgendes mit:

„Brennender Zirkuswagen auf fahrendem Zug.

Nachdem der Circus Busch am Sonntagabend seine letzte Vorstellung in Litzmannstadt gegeben hatte, rollte bereits in den frühen Morgenstunden des Montags die ganze Zeltstadt, in den Wagen gut verpackt, in Richtung Westen mit der Reichsbahn nach Waldenburg in Schlesien.

Unmittelbar hinter Pabianice bemerkte ein Mann aus dem Zugpersonal, wie Rauch aus einem der Wagen hervorquoll, doch maß er dem keine größere Bedeutung bei. Bald darauf stand der eine Wagen in hellen Flammen. Das Feuer griff auf einen zweiten, der auf der gleichen Eisenbahnplattform untergebracht war, über. In der Nähe von Chechlo bei Pabianice hielt der Zug, die Plattform wurde losgekoppelt und Eisenbahn- und Zirkuspersonal begannen mit den Löscharbeiten. Kurze Zeit danach griffen auch die Feuerwehren von Chechlo und Pabianice ein, es gelang jedoch nicht, die beiden Wagen zu retten. Einer wurde von der Plattform herabgerissen und verbrannte restlos. Von den anderen blieb nur das Wagengestell erhalten.

Billy Jenkins, der in Litzmannstadt bekannte deutsch-amerikanische Meisterschütze und Raubvogellehrer, um dessen Wagen es sich dabei handelte, trug bei diesem Unfall zahlreiche Brandverletzungen davon. Seine Steinadler und sonstigen Raubvögel verbrannten mit seiner Habe in den Wagen.

Innerhalb von etwa zwei Stunden gelang es, den Brand zu löschen und die Trümmer von den Bahngleisen zu entfernen. Die näheren Umstände, die zu dem Unfall führten, sind nicht bekannt."

Aus Jenkins' Sicht stellte sich das Unglück folgendermaßen dar: Ein Sonderwaggon des Zirkus Micaela Busch, der außer dem privaten und beruflichen Inventar von Jenkins angeblich drei Zentner Munition enthielt, geriet während der Fahrt nahe der mittelpolnischen Stadt Litzmannstadt, die seit 1939 im Generalgouvernement des „Großdeutschen Reiches" lag, in Brand. Billy, der sich zufällig bei Bekannten in einem anderen Wagen befand, suchte den brennenden Waggon auf, in dem sich wertvolle Vögel, eine Sammlung indianischer Handarbeiten, eine Skalpsammlung, der Kostümfundus, texanische Sättel, die Requisitensammlung sowie angeblich „Gold und Edelsteine" befanden. Er bemühte sich vergeblich, die Tiere lebendig aus dem Flammenmeer zu bergen. Die Munitionsladung fing Feuer und explodierte unter Erzeugung einer derartigen Druckwelle, dass der Künstler auf das Nebengleis geschleudert wurde. Der Maschinist stoppte den Zug auf freier Strecke. Die Kollegen dachten anfangs, Jenkins sei während des vergeblichen Rettungsversuches der Adler verbrannt. Man koppelte die brennenden Wagen auseinander, da keine Löschmöglichkeit vorhanden war. Erst in der Morgendämmerung fand man Jenkins nackten und verbrannten Körper. Er wurde, in Decken gehüllt, im Auto in das deutsche Militärlazarett Pabianice eingeliefert. „Dort befand ich mich dem Elend des Wahnsinns nahe", schrieb Jenkins in einem Brief vom 3. Februar 1948. Er gab den Gesamtschaden des Unglücks auf 120000,– Mark an, denn die wertvolle Zirkusfassade wurde vernichtet. Seinen persönlichen Verlust bezifferte er auf 35000,– Mark. Die Betriebsführung des Zirkus Busch meldete den Schaden der Versicherung. Über eine Vergütung von Zirkusseite zugunsten von Jenkins ist nichts bekannt.

In der südwestlich von Lodz gelegenen Stadt Pabianice, die damals Burgstadt hieß, wurden an Kopf, Händen und Füßen schwere Brandverletzungen zweiten und dritten Grades diagnostiziert. Die Verbrennungen reichten von Gewebszerstörungen der oberen Hautschicht bis zur schweren Schädigung, so genannter Nekrose, die bis ins Unterhautfettgewebe reicht. Diese Brandverletzungen werden von einem Schock und heftigen Schmerzen begleitet. Erschwerend kam ein weiterer Befund hinzu, der Jenkins für den Rest des Lebens belastete: Er hatte sich einen Bauchfellriss zugezogen. Das Bauchfell, lateinisch Peritoneum genannt, ist eine glatte Haut, die die Innenwand der Bauchhöhle und die Oberfläche der meisten Bauchorgane überzieht. Diese Haut bildet die Bauchhöhle, die unter anderem das Gekröse, die Nerven und Gefäße der Bauchorgane, enthält. Ein Riss des so genannten „Großen Netzes" hat meist einen septischen Schock, Bewusstseinsstörungen, Erbrechen, kalten Schweiß und einen aufgetriebenen Leib zur Folge. Nach der Ausheilung des Risses musste der Verletzte nach damaligem Stand der Medizin bis zum Lebensende ein Stahlkorsett tragen, welches das Bauchfell entlastete und den Bauchinhalt in den Leib zurückdrängte. Der Künstler firmierte später in der Presse als „der Mann mit dem Blechbauch".

Die häufig gestellte Frage nach der Ursache des Brandunglücks lässt sich wahrscheinlich niemals eindeutig beantworten. Billy äußerte die Vermutung, dass es ein Anschlag der Reichsführung auf den ungeliebten Halbjuden war. Im Brief vom 3. Februar 1948 heißt es: „Heute weißt du das ich getarnter Nichtarier doppelt vorsichtig sein musste." In Jenkins nahm der Verdacht Gestalt an, dass ihn die Reichsführung als unliebsame Person verfolge. Er hatte den Argwohn, dass der Brand ein von der Gestapo durchgeführter, gezielter Anschlag auf sein Leben war. Denn normalerweise hätte sich der Künstler zur Zeit des Brandausbruches bei den Vögeln aufgehalten, nur zufällig besuchte er zu dieser Zeit einen anderen Waggon. Der Quedlinburger Freund Heinz Müller weiß von einer verschollenen Liste der Gestapo, die Jenkins Namen enthielt. Indes könnte diese These auf sein Bestreben in der Nachkriegszeit zurückzuführen sein, sich von jeder Nähe zum Nationalsozialismus rein zu waschen.

Liest man die „Sonderberichte aus dem Zelt-Zirkus Busch" der Litzmannstädter Zeitung vom 16.–26. August 1940 – die freundlicherweise vom Stadtarchiv Lodz zur Verfügung gestellt wurden –, dann fallen die subtilen Aggressionen gegen die polnischen Bürger auf. Unter dem Obertitel „Erlebnisse im Generalgouvernement" werden die Polen als Bürger zweiter oder dritter Klasse dargestellt, die arm, dumm und unmoralisch seien. Fotografien zeigen die bunte Leuchtfassade des Zeltzirkus Micaela Busch mit mächtiger Hakenkreuzfahne im Vordergrund. Der Zirkus galt den Polen als Synonym für deutsche Gewalt an ihrem Volk, und es besteht die historische Wahrscheinlichkeit, dass das Zugunglück auf einen Anschlag polnischer Widerstandskämpfer zurückzuführen ist.

In einem Gespräch von Paula Busch einige Tage nach dem Unglück mit der „BZ am Mittag", Beiblatt Nr. 208, erinnert sich die Zirkusdirektorin an den Artisten:

„Ja, es stimmt. Unser armer Billy Jenkins ist schwer verbrannt, als er aus den Flammen seine geliebten Raubvögel retten wollte. Er liegt in Pabianice im Krankenhaus. Er ist der erste Artist, dem es gelungen ist, die scheuen Raubvögel wenigstens soweit zu zähmen, dass sie auf sein Kommando durch die Manege flogen und entweder auf ihrem Käfig oder auf seiner Faust landeten. Er hatte prachtvolle Adler, Falken, Habichte, Eulen und Raben, die die Zirkusbesucher immer bewunderten. Wir Berliner erinnern uns, dass bei einer der letzten Reichsstraßensammlungen für das erste Kriegswinterhilfswerk auch Billy Jenkins auf dem Wittenbergplatz mit seinen Raubvögeln sammelte und immer dicht umlagert war."

Paula Busch teilte mit, dass ihr Zirkus Anfang Oktober 1940 wieder nach Berlin kommen und auf dem Fehrbelliner Platz auftreten wird.

Aus einer von Jenkins letzten schriftlichen Äußerungen vor dem Unglück [Postkarte von August 1940 an Untermieter Wichmann] geht hervor, wie der Tourneeverlauf des Zirkus Busch weiterging: Piotrków (Petrikau) und Czestochowa (Tschenstochau). Ursprünglich hoffte Billy, bereits Mitte August 1940 mit dem Zirkus in Leipzig zu sein, aber der Tournee-Erfolg führte zu mehreren Verlängerungen. Frieda Schönmann, seine „Partnerin, Wirtschafterin, Pflegerin" – sie wohnte zu dieser Zeit in der Leipziger Fregestraße 7, parterre – veranlasste die Überführung des Verletzten in das Privatkrankenhaus Dr. Mörkammer, Leipzig C1, Funkenburgstraße 3, wo er wegen eines Leberrisses operiert wurde. Nach einer doppelseitigen Lungenentzündung war er „zum Sterben bereit". In Leipzig wurden mehrere Operationen an Leber und Magen sowie Bluttransfusionen vorgenommen, nachdem Blutergüsse, Fieber und Eiterungen dem Patienten zusetzten. Der Artist schrieb am 21. Oktober 1940 von Leipzig seinem Dresdner Freund, Assistenten und Kostümhersteller Harry Morche eine Postkarte folgenden Inhalts:

„Mein lieber kleener Desperado u. Gangsterhäuptling Morche! Komme erst heute zum schreiben. Hab Dank für deine Schriftzeichen, bin inzwischen aus Krkhs [Krankenhaus, d. V.] u. Polakei raus, wo 5 Wochen in Schmerzen liegen musste und lebe in Leipzig in Privatbehandlung mit meinem Kopf der in Verband liegt. Da bei den Brand alles verloren nur mein Leben rettete nakend, so brauche zum Aufbau meiner Existenz neu Perlsachen für Kostüm 2 Gürtel,

Revolvertaschen Manschetten Armbänder auch Perlweste u.s.w. kannst du mir dies beschaffen?"

Dieser Postkartentext vermittelt Einblick in das deftig-eigenständige Idiom, dessen Jenkins sich gern bediente. Er berlinerte nicht nur mündlich, sondern ließ den Jargon in die Schriftsprache einfließen. Ein hohes Maß an Zynismus war Jenkins eigen, mit dessen Hilfe er sich über das Unglück hinwegtröstete. Er war bald wieder voller Tatendrang, bestellte neue Kostümteile und zog sich zur Erholung nach Konradshöhe zurück: „Ik bekiekte mir die Tapeten." Von Frieda Schönmann gepflegt, konnte der Schwerverletzte dennoch nur langsam die schlimmsten Schmerzen überwinden. Der gegenüber Morche geäußerte Enthusiasmus schlug in eine depressive Stimmung um, denn Jenkins spürte vermutlich, dass er nie wieder seine einstige körperliche Stabilität zurückerlangen könne.

Freund und Direktor Hans Stosch-Sarrasani jun., der ihm Januar 1940 sein neu erschienenes Buch „Durch die Welt im Zirkuszelt" mit einer Widmung versehen schenkte, war wegen Billys Unglück bestürzt. Stosch-Sarrasani, der Juli 1941 in Berlin starb und wie seine Eltern in Dresden-Tolkewitz beerdigt ist, versorgte den Verunglückten mit einer neuen Ausrüstung und schenkte ihm seinen mit Sterlingsilber beschlagenen Sattel aus dem angeblichen ehemaligen Besitz des Kaisers Maximilian von Mexiko. Die Übersendung des Geschenkes von Sachsen nach Berlin durch die Dresdner Speditionsfirma Pfütze u. Comp. nahm ungewöhnlich viel Zeit in Anspruch. Als die Kiste mit dem Sattel nach einigen Monaten noch nicht eingetroffen war, versandte Jenkins Beschwerdebriefe und drohte mit gerichtlicher Klage. Erst ein Jahr später traf die Kiste in Berlin ein, nachdem sie die ganze Zeit als „Irrläufer" in Deutschland umhergereist war. Nach Jenkins Aussage, die von Heinz Müller bezeugt ist, war der silberbeschlagene Sattel nach seiner Rückkehr von dem Unglück neben vielen anderen Erinnerungsstücken gestohlen. Der Artist versuchte nach dem Kriege vergeblich, auf Auktionen den Sattel wiederzuerlangen. Es gibt um das Verbleiben des Sattels viele Gerüchte und Bestrebungen, ihn wieder zu finden. Eine Spur führt aufgrund von Jenkins Schriftwechsel nach Brandenburg; eine andere Fährte weist zu Jenkins Freund und Erben Friedrich Carl Wobbe, der den Sattel aus pekuniären Gründen an einen Show-Indianer verkauft haben könnte. Das Stück befindet sich vermutlich in Privatbesitz.

Nach dem Unglück erhielt der Künstler, wie aus dem personenbezogenen NSDAP-Dossier des Bundesarchivs in Berlin hervorgeht, eine finanzielle Unterstützung aus der Spende „Künstlerdank" – auch „Dr. Joseph Goebbels-Spende" genannt –, die vom Reichsministerium für Volksaufklärung und Propaganda erteilt wurde. In dem von der Ortsgruppe Konradshöhe der NSDAP gestellten Antrag vom 13. November 1940 äußert sich Jenkins maschinenschriftlich zu folgenden Fragen:

Ariereigenschaft: arisch

Größe der Wohnung und monatliche Miete: 2 Zimmer und Küche im eigenen Hause

Monatliches Einkommen: Wohnungsmieten des Grundstückes jährlich RM 2100,–; wegen Unfall jetzt ohne Verdienst

Vermögen: 1 Grundstück, Einheitswert RM 28000,– Belastungshypothek 7000,–

Im Haushalt lebende Kinder: keins

künstlerischer Werdegang und Tätigkeit: Artist, Cowboyreiter/Kunstschütze, Dompteur-Falkner mit Adlern, bereits 35 Jahre lang künstlerisch tätig, zuletzt Sommertournee in Polen

Besondere Notlage ist verursacht durch: Eisenbahnunfall (Brand)

Jenkins reichte diesen Fragebogen am 26. Oktober 1940 beim Treuhänder der Reichsfachschaft Artistik, Abteilung Theater, Linienstraße 227 ein. Als Schreibbogen benutzte er – wie meist im Schriftverkehr mit Behörden – einen großformatigen, zweifarbigen Briefbogen, der fünf Fotografien enthält, die ihn mit Adlern, zu Pferde und mit Western-Waffen zeigen, sowie die Aufschrift trägt: „Billy Jenkins, the Cowboy Eagle. Billy Jenkins introduces for the first time in open audience Wild Eagles."

Der NSV-Ortsgruppenleiter Konradshöhe, Hass, erhielt am 28. November 1940 von Billys Partnerin und Lebensgefährtin Frieda Schönmann aus Leipzig einen Brief, der den Antrag unterstützen sollte:

„Leipzig, den 15.11.1940
Herrn Ortsgruppenleiter Pg. Hass
Geehrter Herr Hass!
Leider kann Ihnen Herr Jenkins nicht selbst schreiben, denn trotz sorgsamster Pflege hier in Leipzig, wo er Genesung suchte von all dem fürchterlichen Erlebnissen in Polen und furchtbaren Schmerzen, mit denen er ca 5 Wochen im Pol.[nischen; d. Verf.] Krankenhaus gelegen, verbrannt an Händen und Füssen beim retten seiner Tiere, kam nun doch ein Nervenzusammenbruch und musste Herrn Jenkins am 1.11. in eine Privatklinik bringen und musste sich einer schweren Operation unterziehen, Galle vereitert und 15 gr. Steine wurden entfernt und nun kam leider noch eine Bronchitis dazu, was seinen geschwächten Zustand verschlimmerte. In bedenklichem Zustand liegt er nun mit großen Schmerzen und immer mit Fieber. Gott möge ein Wunder geschehen lassen. Es ist furchtbar, einen so edelen Menschen leiden zu sehen. Adr. Billy Jenkins, Privatklinik Dr. Mörkammer. Leipzig C 1, Funkenburgstr. 3
Heil Hitler!
Frau Friedel Bongoll
Leipzig C 1, Fregestraße 7, ptr. "

Frieda Schönmann verzichtete vorsorglich darauf, den Brief mit ihrem aus rassistischer Sicht prekären Namen zu unterzeichnen; sie verwendete ihren Geburtsnamen. Jenkins benutzte im Schriftverkehr mit seiner Partnerin ebenfalls den Namen Bongoll. Die Reichstheaterkammer, Fachschaft Artistik, unterstützte den Antrag in einem Schreiben vom 27. November 1940 an das Reichsministerium für Volksaufklärung und Propaganda, Berlin W 8, Wilhelmplatz 8–9. Über den künstlerischen Werdegang des Artisten wird Folgendes ausgesagt:

„Erich Fischer, gen. Billy Jenkins, geb. 26. 6. 85, Deutscher, arisch, ledig, Mitglied der Fachschaft Artistik Nr. 5492 seit Gründung, früher I. A. L. [Internationale Artistenloge; d. Verf.] Nr. 5854, (Mitglied des Verwaltungsrates) nach eigener Angabe. Frontkämpfer

1915/18, Mitglied der NSDAP Nr. 2000000 [falsche Angabe; d. Verf.] seit Februar 1933, ebenfalls nach eigener Angabe. Artist (Cowboy, Kunstschütze und Dresseur) seit frühester Jugend.

Fischer ist ein sehr guter Artist, der nur in ersten Häusern mit seiner einmaligen Darbietung (dressierte Raubvögel) verpflichtet war. Während eines Engagements beim Zeltzirkus Busch-Berlin geriet während der Eisenbahnfahrt von Litzmannstadt nach Waldenburg in Schl.[esien; d. Verf.] am 26. August 1940 der Wagen, in welchem Fischer mit seinen dressierten Raubvögeln (mehrere Adler, Uhus, Rabenvögel) untergebracht war, in Brand. Bei dem vergeblichen Versuch, seine kostbaren Tiere, welche seine Existenz bildeten, zu retten, erlitt Fischer schwerste Brandwunden am Kopf, am Nacken, an den Händen und Füssen und wird daher noch auf lange Zeit arbeitsunfähig sein, abgesehen davon, dass die wertvollen Tiere nur sehr schwer oder vielleicht überhaupt nicht mehr ersetzt werden können. Zudem wurde in seiner ständigen Wohnung in Berlin-Tegel während seiner Abwesenheit ein Einbruch verübt und wertvolle Gegenstände gestohlen [der von Stosch-Sarrasani geschenkte „Kaiser Maximilian-Sattel"; d. Verf.].

Durch all diese Vorfälle befindet sich Fischer gegenwärtig in grosser Not. Zur ersten Linderung erhielt er am 11. Okt. 40 eine einmalige Unterstützung von RM 100,– aus der Dr. Goebbels-Spende. Der erlittene Schaden ist zwar von der Betriebsführung des Zirkus Busch bei der Versicherungsgesellschaft angemeldet, es wird jedoch erfahrungsgemäß lange Zeit vergehen, bis eine Entschädigung erfolgen wird.

Ich befürworte daher eine möglichst baldige Unterstützung des Fischer mit einem namhaften Betrag.

Gezeichnet: Dingler [Name schwer lesbar; d. Verf.]

Der NSDAP-Ortsgruppenleiter Konradshöhe, Herr Hass, gibt am 20. November 1940 über die finanzielle Situation von Jenkins folgende Einschätzung ab:

„Über die wirtschaftliche Lage des Pg. Fischer (Billy Jenkins) ist hier wenig bekannt. Pg. Fischer lebte soweit er hier war, sehr zurückgezogen, widmete sich meistens seinen Tieren (Adlern, Falken, Bussarde, Uhus, Käuzchen, Raben u.s.w.). Durch den in Polen entstandenen Unfall ist die wirtschaftliche Lage des Pg. Fischer, soweit es sich von hieraus beurteilen lässt eine denkbar schlechte,

denn sein ganzes Hab und Gut führte er in seinen Wohnwagen der
bekantlich ein Raub der Flammen wurde mit sich."
Heil Hitler
Hass
Organisationsverwalter
Stempel: NSDAP Gau Berlin
 Amt für Volkswohlfahrt
 Ortsgruppe Konradshöhe"

Jenkins füllte erneut einen Fragebogen der Spende „Künstlerdank" aus, der am 18. Dezember 1940 bei der Behörde eintraf. Er
gab unter anderem maschinenschriftlich folgende Antworten:

Name des Antragstellers: Fischer, Erich (Rudolf Otto)

Wohnort und Postanstalt: perm. Adr. Konradshöhe bei Ber-
lin/Tegel, Habichtstraße 8

Straße und Nr.: Adr. z. Zt. Leipzig C 1, Fregestraße 7, ptrre
bei Bongoll

Berufsbezeichnung: Artist, Cowboyreiter/Kunstschütze,
Dompteur, Falkner mit Adlern

Beruflicher Werdegang: bereits 35 Jahre im artistischen Beruf,
erste Varieté & Circusunternehmen In & Ausland, bis jetzt bei
Circus Micaela Busch (Berlin) Auf Sommertournee reisend
in Polen als selbständiger Artist mit obiger Attraction. Bei Ei-
senbahnbrand durch polnischen Sabotageact wurde gesammt-
te Existenz restlos vernichtet im Werte von 35000 RM & bei
den Rettungsversuch meiner Tiere erlitt ich Brandwunden
2–3 Grades an Kopf Nacken Gesicht Händen & Füßen & lag
5 Wochen Krankenhaus. z. Z. bin in Leipzig zur weiteren ärzt-
lichen Behandlung in Rekonvalesenz, Genesung.
 Ich bin nicht versichert. Habe auch keine Mittel meine
Existenz neu aufzubauen. Ich wurde nackend, nur mit Hemd
bekleidet verwundet auf den Bahngleisen aufgefunden &
ins Krankenhaus Pabianice geschafft & als später laufen
konnte ließ mir Bezugsscheine & für letztes Geld, dan Kleidung, Wäsche, Schuhe kaufen.

Jenkins erhielt auf diese Einlassung hin am 21. Dezember 1940 eine einmalige Auszahlung von RM 500,–.

Ein Schreiben der NSDAP-Gauleitung Berlin, das am 4. Juli 1942 beim Reichsschatzmeister der NSDAP in München eintraf, bezieht sich auf das verloren gegangene Parteibuch von Erich Fischer, das dieser ersetzt haben wollte. In dem Brief wird vom Oberbereichsleiter des Gaus Berlin, de Mars, bestätigt, „dass der Parteigenosse Erich F i s c h e r seine Beträge [Parteimitgliedschaftsbeiträge; d. Verf.] laufend bezahlt hat.“

Ein nicht unerheblicher finanzieller Nachteil erwuchs Jenkins aus der Tatsache, dass die Reichsschrifttumskammer September 1939 die Heft- und Buchserie, die seinen Namen führte, einstellen ließ. Der Künstler sah sich genötigt, die noch vorhandenen körperlichen Möglichkeiten in eine neue Shownummer einzubringen. Er baute eine neue Vogeldressur auf und trainierte mit der Bullenpeitsche, davon berichten viele Konradshöher Zeitzeugen. Zu Beginn der vierziger Jahre übte Jenkins fast täglich auf seiner Farm. Er kaschierte die Behinderung durch das Stahlkorsett so gut wie möglich, Kleidung und Cowboyhut verdeckten die Brandverletzungen. Der Artist hielt das Image vom harten Einzelkämpfer aufrecht, obwohl die Anwohner von Konradshöhe durch die Presse von seinem Unglück erfuhren. Die Kinder vergötterten den Mann, der ein großes exotisches Flair und Abentcuerromantik ausstrahlte, zumal die Heftserie den Jugendlichen in guter Erinnerung war. Jenkins, der gern Bier und Weinbrand trank und viel rauchte, benutzte immer häufiger Mentholzigaretten, die, angereichert mit kühlendem, krampflösendem Pfefferminzöl, dem angegriffenen Bronchialsystem Erleichterung verschafften.

Jenkins trat sieben Monate nach dem Unglück wieder auf. Er gastierte März 1941 im Sarrasani-Gebäude in Dresden, wie Billy auf einem Foto bekundet, das ihn und Harry Morche zeigt: aufgenommen 1941 im „dressing room des Sarrasani Building Dresden“. Ein weiteres Mal wurden Jenkins und Frieda Schönmann zu Werbezwecken ebenfalls in seiner Garderobe abgelichtet. Der Fotograf hieß Georg Döppmann, wohnhaft Dresden, Hauptstraße 14. Ein von Ernst Günther in seinem Sarrasani-Buch verwendetes Foto zeigt Pressechef Hans Schlenkrich, der dem auf eine Krücke sich stützenden Jenkins in der Manege die Hand reicht. Im Hintergrund steht, als Indianer verkleidet und eine Bullenpeitsche tragend, Harry Morche. Dieses Foto ist mit großer Wahrscheinlichkeit März 1941 anlässlich von Billys erstem Engagement nach seinem Unfall aufgenommen worden.

Jenkins trat August 1942 in Niedersachsen auf. Die „Südhannoversche Zeitung" – amtliches Organ der NSDAP und Behörden der Stadt Göttingen – teilte am 19. August bezüglich einer Zirkusveranstaltung mit: „Als ein echter Mann der Prärie, des Wilden Westens, zeigt sich Billy Jenkins, der mit Lasso und langen Bullenpeitschen, mit Gewehr und Pistole gar trefflich umzugehen weiß. Fast unfehlbar ist seine Büchse, ob er mit offenen oder verbundenen Augen schießt, ob er nach brennenden Kerzen oder nach kleinen Spielkarten schießt."

1943 verließen Jenkins und Frieda Schönmann Berlin. Sie tauchten bei Familie Müller in Quedlinburg auf. Heinz Müller, der unter dem Pseudonym Hugh Miles Jenkins-Romane schrieb, lernte den Artisten zufällig 1938 in einer Pause der Vorstellung des Zirkus Sarrasani kennen; später begegneten sie sich im Leipziger Krystall-Palast. Der Quedlinburger berichtet von seiner ersten Begegnung mit Jenkins, der vor seinem Wohnwagen stand. Sie unterhielten sich kurz auf Englisch, dann – als Müller zu seiner Verblüffung feststellte, dass Billy Deutsch sprach – in der gemeinsamen Muttersprache. Sie tauschten Adressen miteinander aus und betrieben bis 1939, dem Jahr, als Müller zum Kriegsdienst eingezogen wurde, einen umfangreichen Briefwechsel. Höhepunkt der Korrespondenz ist Jenkins ergreifender, zwölfseitiger handgeschriebener Brief von Februar 1948, in dem der Artist von seinem Brandunglück berichtet.

Nach einer Kriegsverletzung auf dem Balkan 1941 wurde Müller in die Heimat versetzt, zunächst nach Magdeburg, dann nach Quedlinburg, wo er sich oft mit Jenkins traf. Im Hotel „Zum Bär" verbrachten beide viele Nächte im Luftschutzkeller. Trotz seiner Verletzungen besuchte Jenkins gemeinsam mit seinem Freund dessen an Tuberkulose erkrankte Kinder in Oschersleben. Billy und Heinz legten diese etwa 25 Kilometer lange Strecke mit dem Fahrrad zurück. Müller berichtet, dass man Jenkins nach dem Unglück in die Rüstungsindustrie habe eingliedern wollen. Aus diesem Grund setzte sich Jenkins vermutlich aus der Hauptstadt ab: „Ehe ich für den Krieg Granaten drehe, drehe ich lieber Popel aus meiner Nase!"

Heinz Müller berichtet von einer Episode, die er aus Billys Quedlinburger Zeit in Erinnerung hat: Müller zeigte Billy einen jungen Steinkauz, der von Kindern ausgehorstet worden war. Jenkins meinte, den Vogel müsse Heinz Müller für immer behalten, denn er könne nicht mehr ausgesetzt werden. Müller brachte den Steinkauz auf der Bodenkammer unter, von wo dieser eines Tages entfloh. Er fand die Eule ein Jahr später nahe einer Landstraße, wo sie ihre Eier ausbrütete. Billy war über diese überraschende Entwicklung erstaunt. Er gab dem Quedlinburger Naturfreund viele Tipps zu dem Thema, wie man Greifvögel und Eulen „lockemachen" könne und fertigte darüber Skizzen an.

Der Künstler galt in der letzten Lebensphase als verarmt; eine von Müller berichtete Episode spricht jedoch eine andere Sprache: Jenkins schüttete vor den Augen von Frau Müller aus seinem Gürtel Diamanten aus. Er meinte, die Herrin des Hauses dürfe frei unter den Edelsteinen auswählen, die er – angeblich – während der deutschen Kolonialzeit in Namibia geschürft habe. Frau Müller lehnte mit den Worten ab: „Billy, behalte deine Diamanten. Ich denke, es werden noch weiter schwere Zeiten kommen." „Ursula – Mädchen – ich hätte mich gern bei dir bedankt", war die Antwort von Billy. Soweit Heinz Müller zu dem Thema der Vermögenslage des Künstlers. Die Tatsache, dass er nach dem Krieg in einem Zirkuswagen von Volksfest zu Volksfest tingelte, deutet auf eine dürftige finanzielle Lage des Künstlers hin. Zeitweilig wechselte Jenkins nach dem Krieg alle vierzehn Tage das Quartier, weil die Wohnungsämter für diese Frist Wohnbeihilfe bewilligten. Auch Johannes Hüttner, seinerzeit persönlicher Freund von Patty Frank, Harry Morche und Jenkins, bestätigt in einem Brief an den Verfasser vom März 1998, dass Billy nach dem Unfall „ein armer Hund war".

Jenkins musste weiterhin Geld verdienen und warb von Quedlinburg aus in einem Inserat am 20. September 1943:

„Billy Jenkins
Die große Wildwestschau.
Zugkräftigste Attraktion des Genres u. bestrenommiert bringt Bullpeitschenkünste, Lassokunstspiele, Bumerangschleudern, Schnellfeuerschießen, Non plus ultra. Große Ausstattung. 400 kg Gepäck. 2 Personen. Offerten immer erwünscht. Billy Jenkins, der

volkstümliche Romanheld der Wild-West-Literatur! Ueberall Reklamenummer. Billy-Jenkins-Farm, Konradshöhe, Berlin-Tegel."

In einer Postkartenserie von Jenkins vom 15. März 1945 aus Hof/Saale an die „Collegen Familie Karoly" – eine italienstämmige Artistenfamilie – wies er auf seinen Aufenthalt in Nürnberg im Januar desselben Jahres hin, bei dem er durch einen Tieffliegerangriff seine Habe verloren hatte. Vermutlich wohnte er gemeinsam mit Frieda Schönmann während der Bombardements in einer Wohnung, denn er berichtet von Familie Karoly, dass „sie uns gemeinsam aufsuchten u mit einem warmen Schluck Bohnenkafé, einpar belegte Brote & einem Schluck Feuerwasser Körper & Geist erfrischten, war es doch verdammt notwendig für uns Alle nach den ausgestandenen Bombenattacken der 1200 Flieger schlaflos ausgehungert & fast verfroren obdach heimatlos u fast alles an Klamotten vernichtet (...) Wir sind nun in Hof beim Neubau der Requisiten & warten auf den Saisonsommer? Obs was wird?"

In einem Brief vom 11. September 1946 aus Hof, Sonnenplatz 6, schildert Jenkins die Ereignisse der letzten Kriegsmonate. Seine ihm von Professor Lutz Heck aus dem Berliner Zoo geschenkten Kolkraben – die letzten Vögel, die er am Kriegsende besaß – waren Opfer eines „Autounfalls" geworden. Der Künstler lag Januar 1945 „4 Tage unter Phosphortrümmern in Nürnbergs Mauern", wo er im Apollo-Theater engagiert war, und reiste dann „per pedes" nach Hof. Rückblickend auf Berlin schreibt er: „Anstatt in meiner berliner Villa, wo andere Hausen & die Äppel klaun", lebt er lieber in der nordbayerischen Stadt. Er klagt in dem Brief: „Zum Kotzen herrlich schön in Germany – Schon über 2 Jahre kein Einkommen, da wird man locke & fingerzahm & frisst aus der Hand."

Die Frage, weshalb Jenkins im vorletzten Kriegsjahr seinen Berliner Wohnsitz verließ und nach Süddeutschland ging, ist schwierig zu beantworten. Billy gab an, dass er sich durch die Nazis verfolgt fühlte. Akzeptiert man diese Begründung, dann fragt sich, warum er nach Kriegsende nicht in sein Haus zurückkehrte. Hier könnten Ängste vor dem Bekanntwerden seiner nationalsozialistischen Vergangenheit eine Rolle gespielt haben, obwohl er angeblich von einer Spruchkammer entnazifiziert worden war. Ein wichtiger Grund, warum Jenkins mit seiner Lebensgefährtin die Berliner Liegenschaft erst 1950 kurzfristig besuchte, dürfte vermutlich darin liegen, dass die Villa vorübergehend für Verwaltungszwecke kon-

fisziert worden war. Die Russen hatten für die Ortsteile Konradshöhe und Tegelort einen deutschen Bürgermeister eingesetzt, der
in der unmittelbaren Nachkriegszeit in Billys Haus amtierte.

Die fränkische Stadt Hof erlangte für Jenkins in der Nachkriegszeit erhebliche Bedeutung; er wurde amtlich ihr Einwohner und
blieb es bis zum Lebensende. In Hof trat er nach Kriegsende erstmals auf. Die näheren Umstände dieses Engagements und sein Verhältnis zum Jüdischen Hilfskomitee wurden von einem fränkischen
Heimatforscher beleuchtet: Nach Recherchen von Dr. Albrecht
Bald aus dem oberfränkischen Stadtkreis Selb lebten 1946 etwa
1400 Juden in Hof, davon ungefähr 80 Prozent in einem Lager auf
dem Kasernengelände an der Kulmbacher Straße, wo sie als Displaced Persons – vertriebene, verschleppte oder aus KZ-Lagern ge-
flohene Personen – bezeichnet wurden. Die anderen 300 Juden, die
in der Stadt untergebracht waren, gründeten eine jüdische Gemeinde. Ein Zeitzeuge ist der 1922 in Königshütte/Oberschlesien
geborene Fotograf Henry Maitek, der das Konzentrationslager Bu-
henwald überlebte und mit Jenkins freundschaftlich verbunden
war. Maitek wanderte 1948 nach Israel aus, kehrte aber 1957 aus ge-

*Jenkins und Frieda Schönmann in der Hofer Freiheitshalle anläss-
lich des Purimfestes, März 1946*

sundheitlichen Gründen nach Deutschland zurück und lebt in Köln. Jenkins und Partnerin Friedel waren Maiteks Trauzeugen. Das Kölner Ehepaar betreute Frieda Schönmann bis zu deren Tod. Frau Maitek und Billy hatten dieselbe Geburtsstadt.

Henry Maitek kennt Wolf Weil (1912–1988), den langjährigen Vorsitzenden der Jüdischen Gemeinde Hof, der sowohl im Landesverband der Israelitischen Kultusgemeinden in Bayern als auch beim Zentralrat der Juden in Deutschland tätig war. Wolf Weil stammte aus Krakau und überstand die Naziherrschaft mit Hilfe Oskar Schindlers als Prokurist in dessen Emailfabrik – er war ein „Schindlerjude". Das Jüdische Hilfskomitee Hof organisierte unter der Leitung von Wolf Weil am 17. März 1946 das erste Purimfest nach Kriegsende, das an die Rettung des jüdischen Volkes aus Verleumdung und Todesgefahr unter der Herrschaft des Perserkönigs Xerxes/Ahasveros [Altes Testament, Buch Ester] erinnert. Die Hofer Purimfeier fand in der Freiheitshalle statt, eingeladen waren die amerikanische Militärregierung, Vertreter der UN-Hilfsorganisation UNRA, die Hofer Stadtverwaltung und die Bevölkerung. Die Organisatoren wollten um Verständnis werben, denn das Zusammenleben von „Displaced Persons", Einheimischen und US-Soldaten war von Vorurteilen und Antisemitismus geprägt.

Regisseur und Star des Abends war Billy Jenkins, der Frühjahr 1945 nach Hof gezogen war, wo er am Sonnenplatz Quartier nahm. Er lebte von Western-Kunststücken, die er mit Frieda Schönmann darbot, und nahm Kontakt zum Jüdischen Hilfskomitee Hof auf. Die Veranstaltung des Purim-Festes wurde in deutscher und englischer Sprache angekündigt:

„Bunter Purim Abend
veranstaltet vom Jüdischen Hilfskomitee Hof/Saale
am Sonntag, den 17. März 1946
mit Genehmigung der U.S. Militärregierung
in der Freiheitshalle zu Hof/Saale
Beginn 19 Uhr
Regie: Billi [Originalschreibweise; d. Verf.] Jenkins Rosenthal
Conference: Mendel Jaffe
Musikalische Leitung: Erwin Kolk
Nach den Darbietungen Abendessen Buffet Tanz."

Das Programm gliederte sich in zwei Teile: Im „ernsten" ersten Teil gab es die Ouvertüre zu Offenbachs „Orpheus in der Unterwelt", Begrüßungsansprache, Purim-Andacht, Purim-Gedicht, den Sketch „Auschwitz und Freiheit" sowie zwei Liedvorträge. Nummer 7 des Programms lautete: „Handschattenspiele ausgeführt von Billi Jenkins Rosenthal". Der „heitere" Teil brachte den Sketch „Die erste Sprechstunde", in dem unter anderem Henry Maitek, seine spätere Frau Ruth Fischl und Wolf Weils Bruder Henryk mitspielten. Als Autor des Sketchs ist auf einer Randnotiz, die möglicherweise von Jenkins selbst stammt, „B. Jenkins" verzeichnet. Der Artist trat als Programmnummer 10 mit dem Titel „Zaubereien Billi Jenkins Rosenthal" und Nummer 14 „Amerikanische Wild-West-Schau. Cowgirl Friedel Schönmann, Cowboy Billi Jenkins Rosenthal" auf. Der Abend endete mit der jüdischen Hymne „Halikwah". Die Worte des Conférenciers wurden vom Jiddischen ins Englische übersetzt, die Lieder größtenteils in Jiddisch vorgetragen.

Der Artist trat gemeinsam mit Frau Schönmann auf, die von Zeitzeugen für seine Ehefrau gehalten wurde, und zeigte, wegen des Waffenverbots der Militärregierung, vor den etwa 300 Zuschauern Kunststücke mit dem Lasso. Henry Maitek war Fotograf des Abends, der unter anderem Billy und Partnerin vor der Bühnenkulisse – einem Sternenbanner, umrahmt von zwei den Zionismus symbolisierenden blauweißen Fahnen mit Davidstern – ablichtete. Trotz aller Bemühungen von Jenkins, das Publikum zu unterhalten, herrschte nach Berichten von Zeitzeugen eine traurige Stimmung. Die Bürgermeister von Hof und den Nachbarstädten waren zum Besuch der Veranstaltung sogar verpflichtet worden. Einen Tag nach der Feier berichtete die in Bamberg erscheinende jüdische Zeitung „Undzer Wort" über das Ereignis: Der amerikanische Militär-Rabbiner Abraham Spiro fragte, ob nach den traurigen KZ-Erfahrungen eine Feier angeraten sei, zugleich wies er auf das hoffnungsvolle Buch Ester hin: „Daran soll man sich in den schweren Nachkriegszeiten aufrichten."

Jenkins trat in Hof nochmals vor großem Publikum auf: Weihnachten 1946 fand die „Parade der Sensationen", zusammengestellt von E. W. Wilkert-Cornes, in der Freiheitshalle statt. Das Festprogramm umfasste 18 Darbietungen, die von „Fräulein Nummer" namens Hildegard Wilan angezeigt wurden: Zahnkraftluft- und Parterreakrobaten (2 Ipolls, 4 Renz), Trapezbalance-Akt (Veronalto), Pferdedressurakt (2 Wiodas), exotische Tanz-Attraktion (Rajah Dools), Clownsnummer (O' Leary), Akkordeon-Musikschau (10 Jester Melody Girls), Schwungseilsensation (Farango mit dem Todessturz aus der Kuppel), Drahtseilakt (Togasi) und „die größte Perche-Sensation Europas" (Les Parlow's). Die musikalischen Nummern – Ouvertüren zu Lehárs „Die Lustige Witwe", „Einheimische Skizzen" von Fischer, „Teufelstanz" von Helmesberger, „Tanz der Blumen" von Künnecke – wurden vom Bayreuther Symphonieorchester mit 50 Solisten unter der Leitung von Erich Bohner und dem Apollo-Varieté-Orchester [Varieté-Adresse: Hof, Schützenstraße 10] aufgeführt. Auftritt Nummer 4 war Jenkins Freund Wilano: „ein komischer Herr jongliert". Der Cowboy-Artist trat in der ersten Staffel als Nummer 8 auf:

„Sensations-Gastspiel Original Billy Jenkins.
Der Welt bekanntester Cowboy, erstes Auftreten nach dem Kriege in Deutschland. "

Silvester 1946/47 trat Jenkins vermutlich beim „Ball der Nationen" in der Hofer Freiheitshalle auf. Sein Name ist im vorliegenden Dokument nicht genannt, es wird eine „große Revue" mit „100 Mitwirkenden, 2 Tanzorchester, 60 Musiker" angekündigt: „Jubel und Trubel ohne Ende. Beginn 18 Uhr, Karten-Vorverkauf: Oberes Tor und Apollo-Kasse." Auf dem Programmheft ist die von der US-Militärregierung ausgestellte „Inform.-Controll-Lizenz Nr. 1062, Produzent: W. Hoffmann-Andersen, München" vermerkt.
1947 erhielt Jenkins ein neues Kauwerkzeug: „Damit das neue Gebiss nicht aus die Schnauze fällt darf der weiße Häuptling nur mit geschlossenen Munde Schnauze Fresse lächeln. Heut sind wir beide [er meint Harry Morche und sich; d. Verf.] oder alle nur noch elende Knochenklaviere und Gespenstergestalten von anno dazumals übrig geblieben." Sein Mitarbeiter Heinz Lüllmann erinnert sich noch gut an den ersten Eindruck, den Billys Zähne auf ihn machten: Sie erwiesen sich aufgrund ihrer auffallenden Weiße als künstlich. Im Brief vom 12. August 1947 aus Hof schrieb Jenkins bezüglich amerikanischer Hilfslieferungen: „Aber auch uns erfreut genau so solch ein Übersee Carepaket aus dem Lande der unbegrenzten Möglichkeiten." Er litt an Einsamkeit. Die artistische Fachzeitschrift „Das Programm", Nr. 1752/1753, veröffentlichte unter dem Titel „Wer schreibt Billy Jenkins?" folgendes Inserat:

„Billy Jenkins, dessen schwere Verletzungen bei dem Brandunglück seinerzeit noch immer nicht richtig ausgeheilt waren, musste sich erneut in ein Krankenhaus begeben, um operiert zu werden. Er liegt in der Chirurgischen Privatklinik Dr. Bachmann und würde sich über Lebenszeichen aus Kollegenkreisen sehr freuen. Anschrift: Billy Jenkins, z. Zt. US-Zone (Bayern), 13 a Hof/S., Sonnenplatz 6."

Es ist nicht auszuschließen, dass Frieda Schönmann ohne Billys Wissen dieses Inserat in die Fachzeitschrift setzte, denn nach dem Brandunglück war Jenkins in Kollegenkreisen vergessen oder man kannte seine Anschrift nicht. Das Inserat hatte Erfolg, denn in einem Brief von Februar 1948 äußert sich der Artist erfreut über die zahlreiche Post, die er mit Hilfe einer Schwester vom Deutschen Roten Kreuz beantwortete.

Der zwölfseitige, handgeschriebene Brief vom 3./4. Februar 1948 aus der Klinik Dr. Bachmann in Hof/Saale, Kreuzkirchstraße, an Familie Müller in Quedlinburg schildert das Brandunglück. Jenkins beschreibt in bewegenden Zeilen die Krankheiten und Verletzungen: „Leber- und Magenriss", doppelseitige Lungenentzündung, „Bauchbruch", Bronchitis, Asthma, Bluterguss, Eiterungen, Venenkrämpfe. Er schreibt von mehreren Operationen im Bauchbereich und Blutwäsche infolge von über zweihundert Injektionen, die er in die Arme erhielt. Jenkins hatte häufig hohes Fieber. Er erhielt intravenös Glutamin und „einen 15 cm langen Schlauch im Bauch" als Eiter-Dränage. Der Artist weist in dem ergreifenden Schreiben auf Frieda Schönmann hin, die ebenso wie er selbst im Dritten Reich „als Jüdin getarnt" lebte.

In einer schriftlichen Antwort vom 6. August 1998 an den Autor teilte das Stadtarchiv Hof mit, dass die Krankenunterlagen der Privatklinik Dr. Bachmann laut Auskunft des Zentralarchivs des Klinikum Hof gänzlich vernichtet wurden, da die Aufbewahrungsfrist derartiger Unterlagen in der Regel 30 Jahre beträgt. Nach dem erfolgreichen letzten chirurgischen Eingriff wohnten Billy und Frieda Schönmann in der Luitpoldstraße 13.

Folgender Vorfall konnte bislang nicht nachgewiesen werden und ist vermutlich ein Mosaikstein der eigenen Legendenbildung: Die amerikanische Besatzungsmacht unterhielt eine akribisch ermittelnde Abteilung namens „War Crime Department", die dem Artisten mit Verhaftung drohte. Die Behörde fand angeblich heraus, dass Billy Jenkins vor dem Ersten Weltkrieg Mitglied der Scharfschützenabteilung der Military Volunteer Cadet School gewesen war. Man nahm an, dass der angeblich ehemalige Armee-Angehörige US-Staatsbürger sei, zumal der Name „Jenkins" auf amerikanische Abstammung hindeutete. Ein Desertationsverfahren drohte, da Jenkins nicht auf alliierter Seite am Krieg teilgenommen hatte. Der Artist entkräftete die Anschuldigung durch Berufung auf seine deutsche Herkunft und den bürgerlichen Namen Erich Rudolf Otto Rosenthal, sodass der unsinnige Vorfall schnell ein Ende fand. Die alliierten Behörden beschlagnahmten seine Präzisions-Gewehre und verboten die Benutzung von Feuerwaffen aller Art. Vermutlich handelte es sich bei dieser Episode um Flunkerei, denn der Artist wusste spätestens seit dem Purimfest, dass er Waffen nicht benutzen durfte.

Eine besondere Freundschaft verband Billy Jenkins mit Familie Thalheim. Der langjährige technische Leiter des Städtebundtheaters Hof fertigte viele Bühnendekorationen an, die Jenkins bei seinen Wildwest-Shows auf Markplätzen und Volksfesten in Deutschland einsetzte. Billy schrieb 1948 an seinen Freund Günter-Werner Thalheim: „Mister Thalheim, Bühnenbildner, Architekt & Kunstmaler (...) Für nächstes Jahr, wenn ich's noch erlebe, musst du mir ne ganz klotzige Fassade bauen, sonst – Alter – wackelt dein Skalp!!!" Der Zelteingang der Billy-Jenkins-Wildwest-Show war denn auch prächtig ausgestattet: Auf vier ca. zweieinhalb Meter hohen Tafeln, beiderseits des Einganges aufgestellt, waren zwei Indianer mit bodenlangem Federschmuck sowie jeweils ein auf einem weißen Pferd paradierender Cowboy und ein Cowgirl zu sehen. Über dem Eingang hing eine rechteckige Tafel mit der schwungvoll ausgeführten Aufschrift „Billy Jenkins" und ein Porträtbild, das den Künstler lächelnd mit typischem Hut zeigt.

Harry Spitzer (Jahrgang 1933), Hamburger Jenkins-Fan, erlebte Jenkins und seine Show persönlich:

„Travemünde, dreißiger Jahre, am Strand – ein Sommertag. Von der mäßig bewegten See strich eine frische Brise über die Badegäste, die sich am Wasser und Strand, von der Sonne beschienen, vergnügten. Jetzt – am frühen Nachmittag – war es menschenleer an der flachen Küste. Nach einiger Zeit erschien das junge Mädchen vom Vortage wieder und führte abermals zwei gesattelte Pferde mit sich. Mein geheimer Wunsch war also in Erfüllung gegangen, ich

3 oder 4. Feb. Sonntag - 48

1) Mein lieber Heinz & ganze Familie Müller

[handschriftlicher Brieftext, größtenteils unleserlich]

Letzte Seite des handgeschriebenen Briefes von Februar 1948 freute mich auf einen Ritt am Strand entlang. Als das Mädchen mit den Pferden herangekommen war, wollte ich sogleich in den Sattel eines Tieres klettern – aber meine Mutter hielt mich davon ab. Enttäuscht konnte ich kaum meine Tränen zurückhalten und wollte mich zum nahen Strand wenden – da befand ich mich plötzlich im Sattel eines Pferdes. Der blonde Mann, der mich aufs Reittier gehoben hatte, ergriff die Zügel, schwang sich in den Sattel des zweiten Pferdes, und ab ging es, nahe der Wasserkante am Strand entlang.

Zwanzig Minuten später waren wir wieder bei meiner Mutter und dem jungen Mädchen angelangt. Mein sonnengebräunter Gönner beugte sich zu mir herüber, hob mich aus dem Sattel und ließ mich zu Boden gleiten: ‚Mach's jut, Kleener!' Er verschwand in Richtung Kasino, nachdem er die Zügel der beiden Rösser dem Mädchen in die Hände gedrückt hatte. Ich schaute dem Mann im weißen Anzug hinterher und fragte: ‚Wer ist dieser Herr, Frollein?' ‚Der? – Das ist Billy Jenkins, der berühmte Artist und Adlerdresseur!'

Schon von weitem konnte man die Musik vom Rummelplatz hören. Die Leute beschleunigten ihre Schritte, die Kinder waren kaum noch zu bändigen. Links vor dem Hauptvergnügungsplatz trat ein weiß gekleideter Mann aus einer zwei Meter hohen Umrandung aus grobem Leinentuch heraus und rief den vorbeihastenden Menschen zu: ‚Kommen Sie herein, meine Herrschaften! Erleben Sie die größten Zauberkunststücke! Kommen Sie, meine Damen und Herren! Auch die Kinder sind herzlich willkommen!' ‚Oh, Papa, das ist doch der Herr aus Travemünde, ich habe doch von ihm und seinen Pferden erzählt!', rief ich meinem Vater zu und zog ihn zum Eingang, wo Billy Jenkins eine einladende Handbewegung machte und uns und einigen anderen Menschen den Weg ins Innere wies.

In dem nach oben offenen Geviert hatten sich etwa zwei Dutzend Zuschauer eingefunden. Sitzplätze gab es keine, auch keine Bühne, das Publikum war nur durch eine Leine von dem Künstler getrennt. Nach einer kurzen Begrüßung bat Jenkins um einen Geldschein. Ein junger Mann aus dem Publikum übergab ihm einen Zwanzig-Mark-Schein, den Jenkins in ein Kuvert steckte und mit einigen anderen Umschlägen wie ein Kartenspiel mischte. Aus dem Stapel nahm er einen Umschlag heraus und verbrannte die anderen. Er meinte trocken, nun sei ja wohl auch der Geldschein zu

Asche geworden. Dieser befand sich selbstverständlich in dem zuvor scheinbar wahllos herausgefischten Kuvert. Dieser harmlose Trick bracht meinen Vater in Wallung: ‚Alles Schwindel! Sie wollen uns wohl für dumm verkaufen. Genauso eine Spinnerei wie in Ihren Büchern und Heften, Herr Jenkins!‘ Knapp einen Meter vor meinem Vater stand mit zornigrotem Gesicht der Künstler: ‚Obwohl ich älter bin als Sie, verehrter Herr, würde ich Ihnen zeigen, wer hier ein Schwindler ist, nur mein Respekt vor Ihrer Marineuniform hält mich zurück.‘ Ich zupfte meinen Vater an der Jacke und bat: ‚Hör doch auf, Papa! Hör doch auf, der Herr hat dir doch gar nichts getan!‘ Darauf Jenkins: ‚Der Junge hat mehr Verstand als Sie, bester Mann!‘ Das war zu viel für meinen Vater: ‚Ich hole den Gendarm, der soll überprüfen, ob Sie überhaupt eine Auftrittsgenehmigung haben!‘

Ich sollte derweil aufpassen, ob Billy Jenkins sich verdrücken wolle. Der Artist wartete den Gendarm nicht ab, packte seine Utensilien zusammen und kroch unter der Leinwandabgrenzung hindurch. Ich hinterher. ‚Wo jet de Straße hin, Kleener?‘, fragte mich Jenkins und deutete zum nahen Wald, durch den der Weg führte. Ich zuckte mit der Schulter. ‚Ich weiß es nicht, ich bin hier auch fremd.‘ ‚Is jut!‘ Und weg war er. Kaum eine halbe Stunde später sah ich Jenkins inmitten einiger Leute, ein Gendarm und mein Vater waren dabei, die sich dem Rummelplatz näherten. Ich drängte mich an Billy Jenkins heran und sagte mehrmals zu ihm: ‚Ich habe Sie nicht verraten – ich habe nichts gesagt!‘ Da lächelte mir der sympathische Mann freundlich zu. Einige Wochen später – mein Vater war längst wieder auf See – kam ein großes Paket mit Billy-Jenkins-Büchern und Heften bei uns zu Hause an. Irgendwie muss er unsere Heimatadresse herausbekommen haben und bedankte sich bei dem ‚Kleenen‘ mit seinen Romanen. Jedoch – bevor ich sie lesen konnte, wurden sie ein Opfer von Flammen.

Es war heiß im Zirkuszelt. Meine Cousine und ich erwischten einen schlechten Platz. Die inneren Zeltstützen nahmen uns fast jede Sicht auf die Manege. Ein Raunen ging durch die Zuschauerreihen – ein weiß gekleideter Reiter war in die Manege geprescht. Billy Jenkins ließ sein Lasso kreisen und fing damit die tollpatschigen Clowns ein. Dann hörten wir Schüsse und das Zerplatzen von Luftballons. Nachdem Jenkins aus dem Sattel seines Pferdes geglitten war, ließ er die Peitsche sausen, zerschlug damit einen Papierstreifen, den ein Mann in Cowboytracht zwischen den Händen hielt.

Der Streifen wurde mit jedem Schlag kleiner und war vor dem letzten Hieb höchstens noch drei bis fünf Zentimeter lang. Dann folgte...? Keine Ahnung mehr, Filmriss!

Kriegszeit. Während einer Werftliegezeit des Schiffes, auf dem mein Vater Dienst tat, wurde die Besatzung zu einer Varieté-Nachmittagsvorstellung kommandiert. Da mein Vater von daheim aus diesem Befehl nachkommen musste, nahm er mich mit. Aber Pustekuchen, ich durfte nicht ins Varieté hinein. Wat nu? Nach einigem hin und her wurde ich in der Garderobe abgegeben. Die strengblickende Garderobenfrau sollte mich im Auge behalten, aber bei einem agilen Knaben wie mir war sie schlichtweg überfordert, war sie es doch gewohnt, auf Kopfbedeckungen aller Art sowie Jacken und Mäntel aufzupassen, eben Dinge, die kein Eigenleben hatten. So war es nur eine Frage der Zeit, bis ich mich hinter der Bühne versteckte. Dann kam die Ansage: ‚Und jetzt – der Meisterschütze Billy Jenkins und Partnerin!‘ So schnell ich konnte und mit aller Vorsicht, ich durfte ja nicht entdeckt werden, kroch ich zum seitlichen Bühnenaufgang und sah gerade noch, wie Jenkins Partnerin ihm die Augen mit einem Tuch verband. Er hielt eine Büchse über seine linke Schulter, und gerade in dem Moment, als er abdrückte, trat ich einen Schritt vor und stieß gegen einen Blecheimer, der mit Getöse auf die Bühne rollte. Jenkins Schuss ging daneben, und ergrimmt riss er sich das Tuch von den Augen – ich war natürlich längst verschwunden.

Auf der Heimfahrt erzählte Vater dann, dass Jenkins beim nächsten Schuss das Ziel getroffen habe und dass er doch ein fabelhafter Künstler sei. Ich schwieg wohlweislich über meinen Eimertritt denn Vaters Ohrfeigen hatten eine lange Nachbrenndauer.

Jahre später. Im Spätsommer. Ich hielt ein Jenkins-Heft in Händen; auf dessen Rückseite konnte man lesen: Billy Jenkins lebt! Ich war wie elektrisiert, musste Jenkins noch einmal sehen, koste es was es wolle! Doch ein Jahr nach der Währungsreform war das Geld knapp, und der Bauer rückte nur acht Mark im Monat heraus – bei freier Kost und Logis. Egal – ich musste Jenkins sehen! Er sollte mit seiner kleinen Wildwestschau irgendwo im Ruhrgebiet unterwegs sein. Ich schwang mich auf meinen Drahtesel und machte mich auf den langen, beschwerlichen Weg, nachdem der Bauer mir vierzehn Tage frei gegeben hatte. Hin und wieder ließen mich mitleidige Lastwagenfahrer auf der Ladefläche mitfahren, und so kam ich verhältnismäßig schnell in den Pott. Nun begann ein tagelanges Um-

Eingang zur Jenkins-Show, ca. 1949

hersuchen in den Trümmerwüsten, bis ein LKW-Fahrer mich an den Ort brachte, wo Jenkins mit seiner Schau gastierte. Ich besuchte die Abendvorstellung: Jenkins saß dicht an der Manege auf einem Stuhl und lenkte von dort aus seine Mitarbeiter, die mit Lasso und Peitsche ihre Fertigkeiten zeigten. Bei einer Ausweiskontrolle der Polizei während der Vorstellung wurde festgestellt, dass ich noch keine achtzehn Jahre alt war und ohne Begleitung Erwachsener kein Bleiberecht hatte. Schade!

Einladend sah die Gegend in Köln nicht gerade aus. Und hier sollte der einstige Cowboyartist von Weltruhm seinen Lebensabend verbringen? Das wollte nicht in meinen Kopf hinein. Egal – vielleicht hatte ich ja Glück und könnte mit Billy Jenkins sprechen. Ob er sich noch an den „Kleenen" erinnern würde? Wenn nicht – zumindest ein paar Autogramme hätte ich gern von ihm. Ich hatte einige seiner Hefte dabei in der Hoffnung, dass er sie signieren würde. Ich sah den Wohnwagen des Mannes, der in meinem bisherigen Leben eine kleine, aber in meinem Herzen eine große Rolle spielte. Neben der Treppe stehend, klopfte ich an der Tür. Von innen wurde

119

ein Vorhang beiseite geschoben. Eine ältere Frau öffnete und fragte nach meinen Wünschen. Ich sagte, dass ich ein Seemann aus Hamburg sei und Herrn Jenkins sprechen möchte. Aus dem Innern des Wagens hörte ich eine Stimme: ‚Een Seemann? Datt kann ja jeder sajen!' Ich drückte der guten Frau mein Seefahrtsbuch in die Hand, und sie verschwand damit in dem Wagen. Im Dämmerlicht, das im Wohnwagen herrschte, sah ich meinen verehrten Billy Jenkins in Decken gehüllt auf einem Sofa liegen. Die Frau wollte ihm mein Buch zeigen; er winkte aber ab: ‚Bin heute nicht jut druff, komm een andermal wieder, Seemann!' Leider gab es kein andermal; eineinhalb Jahre später schloss Billy Jenkins für immer die Augen."

Soweit Harry Spitzers Eindrücke von Billy Jenkins. Freunde schenkten dem invaliden Künstler dressierte Vögel, mit denen er in seinen Wandervorstellungen auftrat. Der inzwischen weißhaarige und sichtlich gealterte Mann wohnte in einem Zirkuswagen, der mit Trophäen und Erinnerungsstücken seines schillernden Lebens angefüllt war: Fotografien, Plakate, Indianergemälde, Tomahawks, Kalumets, Kostümteile und Tierfelle bildeten das gemütliche Ambiente seiner letzten Umgebung. Hin und wieder besuchte Jenkins Zirkusvorstellungen. Ein Zeitzeuge berichtet, dass „Billy dabei auflebte und seine Augen leuchteten." Der Artist war zu dieser Zeit schwer krank. Fotografien aus dem Jahre 1950 zeigen Jenkins inmitten einer sechsköpfigen, auf Pferden paradierenden Schar von Wildwest-Leuten – darunter ein Cowgirl sowie eine hölzerne Indianerpuppe – die als „Billy Jenkins Wild West Show" firmierte. Der Künstler bestieg allerdings Pferde nur noch für Fotoaufnahmen und zeigte dem Publikum lediglich hin und wieder kleine Vogeldressuren und Lassotricks. Die Wiedererlaubnis der eingestellten Heftserie ab 1949 bedeutete für den Artisten einen finanziellen Erfolg und leitete eine Jenkins-Renaissance ein, die ein ganzes Jahrzehnt anielt und den angeschlagenen Künstler bis zu seinem Tod für viel erlittenes Ungemach entschädigte. Der Name Billy Jenkins feierte nochmals eine Wiedergeburt, denn den meisten Ruhm erntete der Künstler stets, wenn parallel zu seinen artistischen Tätigkeiten die Romanserie erschien.

Heinz Lüllmann, Mitarbeiter in der Jenkins-Show, gab gegenüber Frank Holt folgende Eindrücke wieder:

„In den Semesterferien 1950 (?) bin ich vorübergehend für ca. 4 Wochen bei Jenkins gewesen. In der Kindheit habe ich ja noch die Tom-Mix-Filme gesehen, die zu meinem Cowboy-Spleen beigetragen haben; hinzu kamen noch die Zirkusse Sarrasani und Busch mit ihren Wildwest-Darbietungen. Nun diese Enttäuschung bei Jenkins. Es war mir klar, dass die Show nach dem Krieg nicht mehr großartig sein konnte, aber so trostlos habe ich sie mir nicht vorgestellt, am liebsten wäre ich nach meiner Ankunft gleich wieder weggefahren.

In einem von einer Glühbirne schummrig erhellten Luftwaffenzelt, ca. 8 mal 12 Meter groß, waren drei Personen mit einem Pferd beschäftigt. Auf einer Zuschauerbank saß ein alter, weißhaariger, kleiner Mann – klein in dem Sinne, weil ich einen großen, kräftigen erwartet hatte – : Billy Jenkins.

Ich stellte mich vor und nahm Platz. Es dauerte ungefähr 10 Minuten, bis die drei Personen das Pferd vorbereitet hatten, in dieser Zeit sprach Jenkins kein Wort mit mir. Er hatte vermutlich erhebliche Schmerzen, denn zwischen den Zigarettenzügen gab er Schmerzlaute von sich. Jenkins rief schließlich die drei finsteren Gestalten zu sich und stellte sie mir als seine Cowboys vor. Anschließend zeigte man mir meinen Schlafplatz im leeren Gerätewagen. An die Matratze, die da lag, denke ich heute noch mit Ekel; im Krieg hatte ich auf ähnlichen Unterlagen schlafen müssen. Ich legte meinen Regenmantel auf das Drecksding. Im selben Wagen schlief ein Mann, der vorher bei einer Kosakentruppe angestellt war. Seine Chefin, eine alte Baronin, hatte ihm aus Eifersucht den Sattelgurt durchschnitten; er war gestürzt und trug nun seinen Arm in Gips. Meinetwegen hätte der sich den Hals brechen können, denn mit diesem undurchsichtigen Individuum habe ich die ganze Zeit zusammenleben müssen. Das erfreulichste in dem Wagen war ein alter Cowboysattel, denn aus der Nähe hatte ich so etwas noch nie gesehen. Dieser Sattel wurde durch Jenkins' Postboten gerettet, als sein Anwesen in Konradshöhe geplündert worden war. Der Sattel war kaputt, aus der einen Seite waren zwei Schuhsohlen herausgeschnitten.

Das Innere von Jenkins Wohnwagen habe ich nie betreten; in dem grösseren Teil hat er mit Frau Schönmann gelebt, sie war eine große, stattliche, blonde Frau. Mit ihr kam ich ins Gespräch, wenn sie uns in einem Kumpen das Mittagessen brachte. Ich weiß nicht mehr, was dabei erzählt wurde, gewiss nichts besonderes. Wir haben

Frieda Schönmann, ca. 1950

zu ihr ‚Frau Jenkins‘ gesagt; später habe ich erfahren, dass sie seine Partnerin war, nicht seine Frau.

Im vorderen, kleineren Raum wohnte Käpt'n John McPatrick, wie er sich nannte, sowie ein junger Mann, der den alltäglichen Kleinkram erledigte: Lichtleitungen legen, Zeltflicken und alles, was sonst anfiel; er war schon zwei Jahre bei Jenkins. In den Vorstellungen warf er Beile und Messer. Mit diesen Leuten kam ich selten zusammen, meist hockten sie in einem anderen Wohnteil. Zwischen einem Spielort und dem anderen waren etwa 14 Tage Ruhezeit, ich glaube, da sind diese Leute nicht bei Jenkins gewesen. Ich war mit Fragen zurückhaltend, heute würde ich dreister sein und mich in alles einmischen. Ich kann mich nicht mehr erinnern, wo wir bei Jenkins auf die Toilette gegangen sind, wahrscheinlich irgendwo im Freien.

Am Zelteingang war die Kasse mit vielen Fotos und Gegenständen, wie Sporen, Cuffs u.s.w. Ich entsinne mich nur an drei Bilder: B. J. beim Goldwaschen mit Schüssel und großem Hut, B. J. im Militärhospital von Westpoint sowie ein Foto von einem Feldbett, auf dem B. J. saß. Von Billys Kleidung ist mir nur diejenige in Erinnerung, die er an einem ‚Gala-Abend‘ trug; das war die einzige Vorstellung, an der er teilnahm. Nachmittags waren die Aufführungen, die Kinder in Begleitung der Eltern besuchten. Abends war nichts los, da gingen die Jahrmarktsbesucher lieber in das Bierzelt.

Jenkins saß meist am Eingang seines Zeltes; nachdem er Besucher angelockt hatte, signierte und verkaufte er seine Bücher. Billy besaß eine Apparatur mit einer Mechanik, die, nachdem eine Scheibe von einem Pfeil getroffen wurde, einen anderen Pfeil 2 bis 3 Meter in die Luft schnellen ließ. Jenkins trat im weißen Hemd und weiten Reithosen auf, die mit roten Herzen verziert waren, weil er als Boss der ‚Herz-As‘-Ranch gelten wollte. Er schoss mit Pfeil und Bogen – er war Linkshänder [Fotos von Jenkins belegen, dass er beidhändig arbeiten konnte; d. Verf.] –, auf die Scheibe – der ausgelöste Pfeil flog in die Luft und wurde von Billy aufgefangen. Hutziehen, Applaus. Dieser Schuss wurde von ihm als ‚Doppelschuss‘ angekündigt. Durch seine vorherigen Versuche wusste ich, woher die kleinen, runden Löcher im Zeltdach stammten...

Ich bin zu Jenkins gegangen, um dort das Trick Ropen zu erlernen. Daraus wurde nichts; Jenkins habe ich nie mit einem Rope in der Hand gesehen, er war wohl zu alt und krank. Dieser McPatrick wollte mein Lehrmeister sein, aber ihn habe ich weder oft gesehen noch von ihm gelernt, auch nicht von dem jungen Mann, der seit zwei Jahren dabei war. Die Lassos waren mit Gelenken versehen. Nach ein paar Übungsstunden konnte ich dasselbe wie diese Leute, ganz simple Dinge. Musste denn auch gleich bei der ersten Vorstellung mitmachen. Ich weiß noch, dass der Eleve da erst anfing, den Skip zu probieren; es funktionierte nicht, und McPatrick konnte ihm das ebenfalls nicht vormachen. Gibt es noch Zeitzeugen oder Fotos, die Jenkins als Trick Roper zeigen? Ich kenne nur Fotos, wo er die große Krinoline, den Big Loop, macht. Er hat seine Berühmtheit wohl mehr der Raubvogeldressur und den Romanen zu verdanken.

Ich bin 1,80 Meter groß, Jenkins war einen halben Kopf kleiner als ich. Sein Gesicht war hager, mit einer großen, leicht gebogenen, scharfen Nase und blauen Augen, die Lippen schmal und meist schmerzhaft zusammengepresst. Die Zähne, das Gebiss, waren unnatürlich weiß und gleichmäßig, die langen, weißen Haare im Nacken sehr lang und ein wenig schütter. Bekleidet war er meist mit einem ungebügelten Anzug, oft trug er karierte Kamelhaar-Hausschuhe. Jenkins wurde einmal vor Gericht geladen, bei der Verhandlung trug er die Pantoffeln.

Jenkins rauchte viel, einem Schluck Weinbrand war er ebenfalls nicht abgeneigt. Er sprach mit leicht Berliner Tonfall, aber nicht diesen fürchterlichen Dialekt. Einmal hat er uns in eine Kneipe eingeladen und ein Bier spendiert; es waren sofort viele Leute um ihn herum. Das hat ihm so gut gefallen, dass er noch eine Runde Korn spendierte. Das war die einzige gesellige Zusammenkunft mit ihm; er hat sich fast immer im Wohnwagen aufgehalten.

Eines Tages kam ein Bauer mit einem kleinen, schwarzen Hengst von ca. 1,40 Meter Stockmaß. Zuerst setzte sich der junge Mann, der bei Jenkins das Zirkushandwerk erlernen wollte, auf das Pferdchen. Ich sehe noch, wie das Tier losbrauste, auf der glatten Straße ausrutschte und stürzte. Humpelnd kamen Roß und Reiter zurück. Anschließend wollte man im Zelt das Pferd mit Reiter einfangen, aber obwohl der so genannte Käpt'n John McPatrick als junger Mann in Amerika gewesen war und hier nun den Lehrmeister spielte, gelang es ihm nicht. Jenkins war wohl Invalide, aber als Cowboy-König hätte er eigentlich Ratschläge geben können; vermutlich hat er nie eine Kuh oder ein Pferd eingefangen. Jedenfalls ist die Pferdenummer nicht zur Aufführung gekommen; Vogeldressur ist wohl seine Stärke gewesen. Ob er ein Lassokünstler war, könnten nur

Leute bezeugen, die ihn gesehen haben, von denen lebt aber keiner mehr. Ich habe in den Jenkins-Heften Fotos gesehen, wo er auf Pferden sitzt und nur die große Schlinge zeigt; sollte er kleinere Tricks gemacht haben, werden die Lassos alle ein Gelenk gehabt haben. Diese Lassos haben wir auch in der Vorstellung benutzt.

Eines Tages kam ein Zeitungsmensch und fragte Billy: ‚In Ihrer Lebensbeschreibung hatten Sie eine Liebesverbindung mit einer Häuptlingstochter, aber die junge Frau wurde getötet. Stimmt die Geschichte oder ist es nur eine romantische Story?' Jenkins diplomatische Antwort lautete: ‚Das ist eine so private Frage, die man einem Mann, wie ich es bin, nicht stellt. Sie erwarten doch wohl keine Antwort darauf.'

Fotos sagen auch nicht immer die Wahrheit. Beispiel: Unterschrift „Billy Jenkins mit einigen Mitgliedern seiner großen Wildwest-Schau." Zu sehen sind zwei Reiter, Mann und Frau. In der Mitte ein Indianer, links und rechts daneben ein Cowboy, daneben zu Pferd McPatrick und Jenkins. Aber die zwei Reiter waren nur zu Besuch, und der Häuptling war eine Puppe, die immer auf dem Podest vor dem Zelt stand. Das war übrigens das Foto, das mich veranlasste, an Jenkins zu schreiben. Dann erlebte ich die traurige Wirklichkeit in den 4 bis 5 Wochen bei der Wildwest-Show."

Soweit Heinz Lüllmann mit seinen Erlebnissen bei Jenkins. Der Artist wurde durch Briefpost junger Fans bestürmt. Einem von ihnen, Hans Schwind alias „Häuptling Sturmfalke vom Panterstamme", teilte er am 29. November 1949 Folgendes mit:

„Ich kann euch sogar die erfreuliche Nachricht geben, das in Anfang kommenden Jahrs, auch wie einst, in goldenen times, meine dicken Buchbände heraus kommen werden, da sollt Ihr alle wieder eure Freude haben. Ich möchte nun aber bitten, das nicht alle Boys & Girls ihre Federfuchsereien an mich loslassen & mich mit Post Bombardieren, den der Billy hat viel buisenessarbeeeeeeeten zu erledigen. So nehmt den für heute meine herzlichsten Grüße & Indianergeheule Whoooope entgegen! Hugh, hugh, Ich habe gesprochen –! – euer weißer Blassgesichtsbruder Billy Jenkins."

Der Artist behauptete, dass ihn die Kölner Kinder am meisten liebten. Jenkins, der die Neigung vieler Kinderloser besaß, nämlich ein Kinderfreund zu sein, trat gern vor jugendlichem Publikum auf. Zeitzeugen berichten, dass sich nachmittags um Billys Wohnwagen immer eine Kinderschar versammelte. Jenkins übte vor dem jungen Publikum mit dem Lasso oder führte andere Kunststücke vor. Er verschenkte Anstecknadeln – bronziert, versilbert und vergoldet – und warf Papierbumerangs mit eigenem Werbesignet in das Publikum. Der Artist empfing Besuch von Freunden, zum Beispiel von Friedrich Carl Wobbe, dem Autor Hermann Falk und seinem ehemaligen Verleger Werner Dietsch.

Billy arbeitete an seiner Legende auch nach dem Krieg mit allen ihm zu Gebote stehenden Mitteln: Er fügte, wie bereits in den dreißiger Jahren, seiner genialisch-schwungvollen Unterschrift regelmäßig drei Punkte hinzu, was möglicherweise als Hinweis auf seine Mitgliedschaft in einer Freimaurer-Loge gelten sollte. Eine solche Mitgliedschaft konnte bisher nicht nachgewiesen werden. Einige Plakate der Nachkriegszeit zeigen den Davidsstern.

Ab Oktober 1949 weilte die „Billy Jenkins Wildwest Show", die inzwischen unter dem Doppelnamen Rosenthal/Fischer firmierte, endgültig in Köln. Der Artist wohnte im Stadion-Hotel Köln-Müngersdorf an der Militärringstraße. Er belegte einen Stellplatz am Aachener Weiher und trat auf diversen Kirmesplätzen der Umgebung auf, zum Beispiel in Köln-Longerich und am Westbahnhof. Zeitzeugen berichten, dass Billy Lassotricks und Kunststücke mit der Bullenpeitsche vorführte. Die Winteradresse 1950/51 lautete Köln-Nippes, Beuelsweg 6. Auf dem Grundstück befindet sich heute ein Wohnhaus. Die zwei ausrangierten Zirkuswagen standen auf dem Grundstück von Josef Hafenegers Eltern, Ecke Niehler Straße/Bcuelsweg.

Von dort schrieb Jenkins am 12. August 1952 an Harry Morche: „[Ich] liege nun schon 1 Jahr fast dauern Bett aufs Kreuz u habe in 1 Jahr den Wohnwagen nicht verlassen können vom Bett zum Tisch & zurück das ist mein Leben heute u asthma Blechbauch auch Wasserbeeene alles zum Kotzen! Meine edle Squaw Friedel pflegt mich gut. Im Gesicht sieht man mir kein Leiden an. Geschäft Zelt & Wagen alle untergestellt kein Personal mehr (...)" Er bezeichnete sich selbst als „armer Mann und habe meine Sorgen (...)" An anderer Stelle heißt es: „Seit 2 $\frac{1}{2}$ Jahren kann nicht aus den Wagen raus, Metallkorsett schwer Herz u schwer Asthma leiden u die Beine wie tot. – Das ist mein Leben, dabei ohne Rente! – Mein Verlag druckt u verkauft u macht ein Vermögen, da ich Vertrag kündigte zahlt er seit Monaten keine Tantieme an mich da schauts bitter bei old Billy aus."

Um 1950 reiste Jenkins in Begleitung seiner Lebensgefährtin Frieda Schönmann – die er neckisch „Billyne" oder „seine Regierung" nannte – mit dem Zug nach Berlin, wo er das Reinickendorfer Grundstück und Freunde besuchte. Zeitzeugen berichten, dass der Künstler die Behinderung durch das Stahlkorsett vermittels eines beherrschten und kantigen Bewegungsablaufs zu kaschieren versuchte. Freundin Friedel – als blonde, liebenswürdige Person geschildert – war ebenfalls ein gern gesehener Gast in Konradshöhe. Sie pflegte viele Jahre Briefkontakt zu Billys dort ansässigem langjährigem Freund und Helfer, Heinz Birghan, dem Sie zum Geburtstag Erinnerungsfotos von Jenkins schickte.

Jenkins Anschrift lautete zwischenzeitlich Köln-Ehrenfeld, Hornstraße 12, bei Spediteur Strohe. An diese Adresse erhielt Jenkins Oktober 1952 eine Entschädigung zugesandt, da sein Wohnwagen Opfer einer Manöverübung geworden war. Ab 1953 wohnte der Artist in Köln-Rhein, Gocherstraße 11–13, Josefstift. Das Stift ist heute ein Aussiedlerheim, das nach dem ehemaligen Leiter der katholischen sozialen Studentenbewegung, Carl Sonnenschein (1876–1929), benannt ist. Es war ein allgemeiner Irrtum, dass sich Jenkins im Josefsstift als Patient befinde; die Anschrift Gocherstraße war lediglich Kontaktadresse und Stellplatz für seinen Wohnwagen. Am 19. Oktober 1953 schrieb er an Morche: „Sehe seit Jahr und Tag keine Straße wie Theater, Kino, Kneipe, Caffeehaus, das ist mein Los. Mit vile Überwindung wurde die Aufnahme für den Fernsehfunk gemacht wo man mich wie eine Puppe zurecht gemacht hat und dann wieder ins Körbchen gelegt hat, solch ein Leben ist beschissen (...) Dir meine besten Grüße und Wünsche für den Indianerclub von Dresden und unseren ollen Patty Hug! Hug! Ich habe gesprochen, gemekert und palabert, geklönt und getradscht Eurer oller Boss Billy Jenkins u Friedel."

Jenkins trat Anfang der fünfziger Jahre sowohl in „Welt im Film" als auch in „Fox tönende Wochenschau" auf, wo er seinen Namenszug in eine Bleiplatte schoss. Am 26. Juni 1951 wurde vom Nordwestdeutschen Rundfunk (NWDR) eine siebenminütige Radiosendung mit Jenkins ausgestrahlt, darauf beziehen sich Jenkins Äußerungen im letzten Briefzitat. Der Sendetitel lautete: „Gespräch mit dem Cowboy und Zirkusartist Billy Jenkins über sein Leben." Interviewer war Hans Jesse. In diesem und vielen anderen Gesprächen – zum Beispiel mit Kurt Klotzbach – sorgte Jenkins erfolgreich für die Ausbildung des eigenen Mythos, indem er seine

Lebensgeschichte phantastisch ausschmückte. Die Gestaltung seiner Legende war im Grunde das Letzte, was ihm außer Schmerzen blieb.

Seit spätestens 1952 firmierte Frieda Schönmann vermutlich aus steuerlichen Gründen als Inhaberin der Firma „Original Billy Jenkins". Sie unterzeichnete am 10. März diesen Jahres einen Vertrag mit Karl-Stephan Bossle, Wattenscheid, Eigentümer des „8 Masten-Raubtier-Circus Olympia". In dem von beiden Kontrahenten unterzeichneten Vertrag heiß es: „Die Firma Billy Jenkins stellt 10 Kostüme (Cowboy Fellhosen u. Hüte) 10 Sättel und die Front Ihrer Firma zur Verfügung. Die Firma Billy Jenkins ist berechtigt, wie bereits besprochen, an der Front von Ihren Wagen aus, Ihre Bücher, sowie Andenken zu verkaufen (...). Die Direktion zahlt der Firma Billy Jenkins pro Spieltag 10% vom Reingewinn nach Abzug der Geschäftsunkosten, sowie freien Transport seiner 2 Wohnwagen. In Abzug kommen die üblichen Geschäftsunkosten, Kapelle, Wild-Westnummer, Zeltleute, Reklame, Steuer, Licht, Telefon, Platzmiete, Transport und Geschäftsführer (...)." Die Tour berührte in der Sommersaison 1952 unter anderem die westfälischen Städte Ahlen, Ennigerloh, Remscheid und Halver.

Der Artist bat am 4. November 1953 seinen Dresdner Freund Harry Morche um die Anfertigung eines roten Kalumets, dessen Erhalt er in einem seiner letzten Briefe vom 9. Januar 1954 bestätigte. Die Kölner Fans sehen in Albert Schweinsberg Billys wichtigsten Requisiteur, indes waren Briefe wegen der Anfertigung von Ausrüstungsgegenständen noch bis kurz vor Jenkins Tod an Morche gerichtet. Billy versuchte, preiswert oder durch Tausch, an indianische Ethnographica wie „Perlweste, Mocasin, Federhauben u.s.w." zu gelangen. Der Künstler besaß 25 Kondorfedern und bat Morche um die Anfertigung einer Federhaube. Jenkins war oft auf der Suche nach verschollenen Fotografien von sich, vor allem von den Auftritten bei Sarrasani. Er fragte deshalb bei Sarrasanis „Inventarstück" Hans Schlenkrich, dem Pressechef des Zirkus, an.

Jenkins umgab sich gern mit Attributen seines Mythos. Die letzten Aufnahmen zeigen ihn in seiner alltäglichen Umgebung, dem Wohnwagen, der mit Indianer- und Wildwest-Equipment, Fellen und Fotos seiner Glanzzeiten in den zwanziger und dreißiger Jahren angefüllt war. Auch Bilder von Indianerhäuptlingen, Buffallo Bill und anderen bekannten Größen des Wilden Westens zierten die Innenwände. Der Uta-Verlag gab seit 1952 von Heinrich Berends gezeichnete Billy-Jenkins-Neujahrskarten heraus, die der Künstler gern als Briefbogen benutzte.

Im Jahre 1953 stellte der Requisiteur des Zirkus Williams und Gründer des Indianervereins „Präriefreunde Köln e. V.", Albert Schweinsberg, damals wohnhaft in Köln, Eschenbachstraße 17, eine indianische Federhaube her, die er Billy vermachte. Jenkins verschenkte die Haube zu Weihnachten an ein Mitglied des Deutschen Falknerordens. Schweinsberg stellte viele Wildwest-Stücke für Billy her, unter anderem eine Reisetasche, einen Coltgürtel und Messerhüllen. Jenkins gehörten ferner Bärenfellhandschuhe, von Missionsindianerinnen gefertigte Mokassins, bestickte Pfeifenbeutel, Satteltaschen, indianische Messerscheiden, Haargestecke sowie Gemälde und Fotografien von Indianern und eigenen Auftritten. Eines seiner Lieblingskleidungsstücke war die von Harry Morche hergestellte Perlenweste mit passenden Armstulpen. Büchsenmacher Erich Gronholz fertigte Waffen für den Künstler an.

Die letzte Adresse von Jenkins lautete Köln, Eifelstraße 14–16, nahe Barbarossaplatz. Frau Schönmann pflegte den Gebrechlichen, an einem Krückstock Gehenden, der am liebsten von der Vogeldressur sprach. Sie schrieb über ihn: „Tiere, das Liebste, was er besaß." Tatsächlich war die Tierliebe eine der Konstanten in Jenkins widersprüchlichem Leben: Viele besonders stimmungsvolle Bilder zeigen ihn mit unterschiedlichen Geschöpfen, wie seinen Pferden, Vögeln und einem jungen Fuchs. Die Kehrseite der Tierliebe ist eine Distanz, die der Artist den Menschen gegenüber an den Tag legte und die er niemals überwand.

Billy Jenkins starb im achtundsechzigsten Lebensjahr am 21. Januar 1954 gegen morgens 5 Uhr in seinem Wohnwagen. Er wurde am 25. Januar, 11.15 Uhr auf dem Friedhof Köln-Melaten, Flur 55, begraben. Die Beerdigung vereinte zahlreiche Freunde aus der ganzen Welt an seinem Grabe, zeigte die ungebrochene Popularität des Verstorbenen: Mitglieder des Kölner Dakota-Clubs, des Nevada-Indianer-Vereins, der Präriefreunde Köln e. V. sowie die Indianer-Vereinigung Toka-Wikskin (Schildspeer) erschienen in Westernkostümen und legten mit den Grüßen „Hau Kolá" und „A-Ki-Schaja" Kränze am Grab nieder. Auch der „Verein der Afrikaner in Köln" schickte Abgesandte. Am Grabe versammelten sich Frieda Schönmann mit Schwester, Albert Schweinsberg sowie viele Freunde des Verstorbenen. Die Friedhofshalle war mit Menschen überfüllt, auf dem Sarg lag sein Cowboyhut, und es erklang Billys

Lieblingslied: „Es hängt ein Pferdehalfter an der Wand." Ein in Deutschland lebender ehemaliger amerikanischer Sheriff und drei Mitglieder des Cowboyclubs schossen Salut über dem Beerdigungsplatz. Indianische Gaben wie Ohrgehänge und Armreifen wurden in das Grab gelegt. Fotograf der Feierlichkeit war Walter Woehlke. Zunächst schmückte ein einfaches Holzkreuz seine Beerdigungsstätte. Heute steht dort eine dunkelgraue Grabplatte, auf der in Goldschrift die Lebensdaten und der markante Schriftzug „Billy Jenkins" verewigt sind.

Auf dem Freiburger Indianer-Council 1954 gedachte man des großen Artisten: Frieda Schönmann traf dort mit Billys langjährigem Freund, dem „asiatischen" Jongleur Wilano zusammen, dem Harry Morche laut einem Brief vom 19. Oktober 1953 ein Gedicht gewidmet hatte. Auch Seilakrobat Camillo Mayer erwies seinem Kollegen und Freund die letzte Ehre.

Am 26. Juni 1955 wäre Jenkins 70 Jahre alt geworden, deshalb veranstaltete der in Köln gastierende Zirkus Carl Krone eine Gedenkfeier am Grab des Artisten. In zwei Kutschen und auf zwanzig Pferden zogen die Zirkus-Cowboys sowie die Tochter des Zirkusbesitzers Sembach-Krone nach Melaten. Christel Sembach saß auf dem Hengst Pegasus, den Jenkins angeblich bei seinem letzten Zirkusauftritt geritten hatte. Die Gedenkrede hielt Erhardt Plath vom Zirkus Krone, Fotograf war H. Hübenthal. Auch „Kapitän Steinbach" aus Schwelm in Westfalen – ein älterer Herr mit Schirmmütze und langem, weißen Bart – sprach Gedenkworte; ihm rettete Billy angeblich im „Wilden Westen" das Leben. Bei einem Indianer-Council 1960 feierte man im Beisein von Frieda Schönmann und ihrer Schwester ein weiteres Mal das Andenken an den Artisten.

In jeder Trauer kann auch Humor verborgen sein: Die diversen Todesanzeigen zu Billys Ableben, veröffentlicht von Frieda Schönmann, die Gocherstraße 11–13 als Adresse angab, und dem Uta-Verlag, weisen hartnäckig auf den Verstorbenen als „Artist und Schriftsteller" hin, obwohl alle Beteiligten wussten, dass Jenkins nie eine Zeile Romantext geschrieben hatte. Auch die vielen Zeitungsnachrufe, vor allem in den Kölner Zeitungen, waren gespickt mit mythischen Verbrämungen und Halbwahrheiten, die von Billy zu Lebzeiten unterstützt und von seinen Nachfolgern weitergetragen wurden: Der Mythos Billy Jenkins wurde (und wird) wider besseres Wissen und nicht zuletzt aus kommerziellen Gründen am Leben erhalten.

III. Die Romanserie

1. Vorkriegsausgaben (1934–1939)

Die Verbreitung von Trivialliteratur als Massenware im deutschsprachigen Raum fällt in die Mitte des 19. Jahrhunderts, als den Verlagen durch Liberalisicrung des Gewerberechts der Vertrieb von Fortsetzungsromanen erlaubt wurde. Die Einführung des Rotationsdruckverfahrens erhöhte die produktionstechnische Kapazität, sodass erstmals Literatur für breite Bevölkerungskreise angeboten werden konnte. In hohen Auflagen erschienen Räuber-, Kriminal-, Liebes- und Familienromane, die Hausierer, so genannte Kolporteure, meist an sozial schwache Gruppen verkauften. Jede Lieferung kostete einen Groschen, was zur Bezeichnung „Groschenroman" führte. Im Jahr 1894 gab es in Deutschland und Österreich 45 000 Kolporteure mit etwa 20 Millionen Lesern. Marktführer war unter anderem die Dresdner Firma Heinrich Gotthold Münchmeyer, bei der Karl May in den Jahren 1882 bis 1884 den erfolgreichen Kolportageroman „Das Waldröschen" veröffentlichte. Die frühesten Wildwest-Erzählungen erschienen in der 1853 von Ernst Keil in Leipzig gegründeten Familienzeitschrift „Gartenlaube", die Texte von Balduin Möllhausen (1825–1905) verbreitete. Weitere literarische Vorbilder der Western-Literatur waren Frederick Marryat (1792–1848), Friedrich Gerstäcker (1816–1872) und Charles Sealsfield (1793–1864). Der Erfolg der fünf „Lederstrumpfromane" von James Fenimore Cooper (1789–1851), die in der Mitte des 19. Jahrhunderts in die deutsche Sprache übersetzt vorlagen, war ein wichtiger Schritt zur Ausbildung des Mythos vom amerikanischen Grenzerleben. Die Einrichtung von Indianerreservationen in den siebziger und achtziger Jahren sowie die spektakuläre Schlacht am Little Big Horn 1876 bewirkten ein breites Presseecho und erlangten die Aufmerksamkeit des Publikums.

Ab 1871 erschien im Verlag Bagel die „Bibliothek interessanter Erzählungen" mit Bearbeitungen Cooperscher Erzählungen. Karl May reüssierte auf dieser Erfolgswelle mit Romanen wie dem 1887 in der Jugendzeitschrift „Der Gute Kamerad" veröffentlichten „Der Sohn des Bärenjägers", der 1890 als Buchausgabe erschien.

„Winnetou, der rote Gentleman", März 1893 in der Reihe „Carl Mays gesammelte Reiseromane" im Verlag Fehsenfeld veröffentlicht, wurde ein Standardwerk dieses Genres. Bei den letztgenannten Schriften handelt es sich weder um Trivial- noch um Kolportageliteratur, aber sie festigten nachhaltig den Mythos vom abenteuerlichen Leben in Amerikas Wildnis.

1892 startete der Leipziger Gustav Kühn Verlag mit der Erzählung „Buffallo Bill im Urwalde" eine Reihe, die fiktive Abenteuer von Frederick Cody thematisierte. Die erfolgreiche Serie, auf den amerikanischen Dime Novels basierend, erhielt seit 1895 den Titel „Indianer- und Volksbibliothek", ab 1902 firmierte sie unter dem Namen „Indianer Bücher". Viele Serien unterlagen als so genannte „Schundliteratur" der Zensur, zum Beispiel die Reihen „Buffallo Bill", „Texas Jack, der berühmte Indianerkämpfer" und „Jesse James, Amerikas größter Abenteurer". Weitere Heftreihen nach der Jahrhundertwende waren „Berühmte Indianerhäuptlinge" (1906–1909), „Der neue Lederstrumpf" (1912–1925), „Wildtöter. Neue Erzählungen aus dem Wilden Westen" (1915–1923) sowie „Winoga, der letzte Mohikaner" (1921–1924).

Neben den populären Wildwest-Serien erschien triviale Abenteuerliteratur, zum Beispiel Robert Krafts „Kapitän Stürmers Fahrten und Abenteuer zu Wasser und zu Lande" (1906–1908), „Lord Percy [später: Percy Stuart; d. Verf.] vom Excentric Club, der Held und kühne Abenteurer in 197 geheimnisvollen Aufgaben" (1914–1916) sowie „Hans Stosch-Sarrasani. Fahrten und Abenteuer." In dieser 1923–1931 publizierten Serie erfuhr der Name „Billy Jenkins" erstmals in einem Heftroman Erwähnung: „Unter Goldgräbern" lautete der Titel von Heft 10 aus dem Jahre 1923, in dem Billy Jenkins erstmals an Sarrasanis Seite gegen Bösewichte kämpft. Heft 13 trägt den Titel „Der König der Cowboys" – womit übrigens nicht Jenkins, sondern der „Held" Stosch-Sarrasani gemeint war –, Heft 27 trägt die Überschrift „Billy Jenkins Jagd". Ein weiterer Titel mit Billy Jenkins als Romanfigur lautet: „Der letzte Schuss" (Nr. 48).

Die Texte gingen anfangs aus Gesprächen zwischen Hans Stosch sen. und einem Autor namens „Herr B." hervor, bei denen der Zirkusdirektor drastisch flunkerte. „Herr B." war, wie der Dresdner Sarrasani-Forscher Ernst Günther herausfand und in seinem Buch „Sarrasani, wie er wirklich war" [2. Auflage, 1985; S. 283] beschrieb, der Meißener Autor Matthias Blank, der den Namen Jenkins in die

Trivialliteratur einführte. Indes ist nicht völlig gewiss, ob Blank für diese Idee verantwortlich war, denn von den einhundert Heften verfasste der Meißener Autor achtzig Stück, wofür er von Sarrasani RM 80,– pro Band erhielt; ein anderer Autor, der nur wenige Hefte schrieb, hieß Wilhelm Aureden aus Oberhausen im Rheinland, der Presse-Chef bei Sarrasani, später Direktor des Zirkus Roland in Bremen war. Wie Ernst Günther im Stadtarchiv von Meißen ermittelte, besaß die Familie Blank-Eismann in der sächsischen Kreisstadt einen Romanvertrieb und Zigarrenhandel. Angeblich schrieb Frau Blank ebenfalls für die buntfarbige Heftserie.

Die speziell für das jugendliche Publikum produzierte Reihe wurde anfangs zeitgleich im Mignon-Verlag GmbH, Dresden A 1 für den allgemeinen Verkauf und im Sarrasani-Verlag, Dresden N 6 als kostenlose Werbeschrift vertrieben. Empfohlen wurde Abonnementsbestellung der Broschüren, welche die Mär von dem „weltreisenden Großwildjäger und Abenteurer" Hans Stosch-Sarrasani in die Welt setzten. Die Hefte dienten dem Sarrasani-Verlag als Werbeträger. Der Druck erfolgte in der Buchdruckerei der Dr. Güntzschen Stiftung in Dresden. Auf der Heftrückseite heißt es:

„Kinder! Wenn ihr Glück habt und ihr lest einmal in Eurer Stadt, in Eurer Gegend den Namen Sarrasani, [dann seht ihr dort] die schönste Schau zweier Welten, mit Hunderten von Tieren aus 5 Erdteilen, mit Hunderten von Künstlern aus 4 Erdteilen, mit prächtigen Autozügen, Traktoren, Flugzeugen, mit dem gewaltigsten Rundzelt, das je in Europa konstruiert wurde – mit Hans Stosch-Sarrasani persönlich an der Spitze."

Es gab Ende der zwanziger Jahre um diese Heftserie eine juristische Debatte, da die Romane nach dem „Gesetz zur Bewahrung der Jugend vor Schund- und Schmutzschriftreihen" vom 18. Dezember 1928 – auch „Schu-Schmu-Gesetz" genannt – in die „Schmutzheftereihen, Liste 2", Nummer 79, aufgenommen wurden. Gegen diese Maßnahme bildete sich ein „Aktionsausschuss zur Wahrung der Freiheit in Kunst und Schrifttum", dem unter anderem der Schriftsteller Alfred Döblin (1878–1957) angehörte.

Der „Cowboy-Held" war erfolgreich beim Publikum, sodass der für die Produktion von Trivialliteratur bekannte Werner Dietsch Verlag Leipzig, Brüderstraße 21, bei dem bereits die populäre „John Kling"-Serie erschien, Jenkins animierte, selbst erlebte

Abenteuer nachzuerzählen. Das Unternehmen war aus der Leipziger Vereinte Verlagsgesellschaft Werner-Dietsch-Verlag/Speka-Verlag, Langestraße 34, hervorgegangen. Jenkins hat indes keine Romane selbst verfasst, denn seine grammatikalischen und lexikalischen Fähigkeiten waren – nimmt man seine schriftlichen Äußerungen als Maßstab – ungenügend. Sollte er einige Texte selbst verfasst haben, dann wurden sie redaktionell derart bearbeitet, dass sie nicht als von ihm verfasst gelten können. Der Artist bat den Verleger und langjährigen Freund Werner Dietsch um Entlastung durch professionelle Schreiber. Jenkins betonte: „Ihr dürft alles über mich schreiben, nur nichts Unehrenhaftes." Die vier Hefte erschienen unter dem Titel „Der Kampf mit dem Grislybären", „Der Überfall auf die Postkutsche", „Die Pferdediebe" und „Das Tal des Todes". Die 1930 publizierten Hefte trugen die Überschrift „Billy Jenkins – der Cowboy-König". Auf Originaltitelbildern ist Jenkins mit Mitgliedern eines Cowboy-Clubs [Band 2, Szenenfoto aus dem Film „Die Ranch auf dem Pulverfass"] und lassoschwingend auf einem Pferd [Band 4] zu sehen. Der Dietsch-Verlag warb zuweilen auch in den John-Kling-Heften für Jenkins-Romane. Die Serie wurde vermutlich erstmals im Rahmen der Skandinavien-Tour des Zirkus Belli Sommer 1930 verkauft. Jenkins reiste auf dieser Tournee gemeinsam mit dem Halbindianer Os-Ko-Mon und dem Indianer Spotted Tail durch Dänemark, woran sich eine Gastspielreise durch Holland schloss.

Werner Dietsch engagierte unter Pseudonym arbeitende Autoren. Die bekanntesten Schreiber waren Frank Astor (d. i. Hans Günther) und der 1899 in Berlin geborene Paul Pitt (d. i. Paul Oskar Erttmann). Seit 1934 erschien die erfolgreichste deutschsprachige Wildwest-Reihe, die es nach Verlagsangaben innerhalb von fünf Jahren auf 25 Millionen verkaufte Exemplare brachte. Druck und Buchbindearbeit erfolgte durch den Wagner-Verlag im thüringischen Neustadt an der Orla. Bis 1939 erschienen 264 Hefte und 56 Bücher. Die Heftserie umfasste 96, die Buchreihe jeweils 288 Seiten; die Publikationen waren für 30 Pfennig (Hefte), 2 RM (Buch, Halbleinen bis 1937; Ganzleinen bis 1939 3,80 RM) in Buchhandlungen oder direkt beim Verlag erhältlich. Weil die Bücher für die meisten Jugendlichen unerschwinglich waren, wurden sie im Leihbuchverkehr benutzt.

Die kleinformatigen Hefte trugen ein zweifarbiges Umschlagbild mit blauem Rand, das meist aus der Hand des mit seiner Frau

Margarete in Norddeutschland lebenden Zeichners Heinrich Berends (1893–1973) stammte. Der Künstler fertigte November 1936 den ersten Schutzumschlag für das Jenkins-Buch „Männer ohne Nerven" an. Seit 1949 schuf Berends wöchentlich zwei Zeichnungen für den Uta-Verlag; auch die Jenkins-Glückwunschkarten-Motive aus den Jahren 1952 bis 1957 stammen von ihm. Berends zeichnete darüber hinaus für andere Western-, Krimi- und Science-Fiction-Reihen. Die merkwürdig maniert wirkenden, überlangen Figuren wurden ein Erkennungsmerkmal der Hefte und Bücher. Auf ihrer Rückseite erschienen jeweils eine oder mehrere Fotografien, die Jenkins als Cowboy in Aktion vorstellen. Die teils im Zirkusmilieu, teils im märkischen Forst abgelichteten Bilder zeigen einen lassoschwingenden, auf dem Pferd paradierenden oder sonst wie aktiven Glamour-Cowboy. Farbige Schutzumschläge mit gezeichneten Titelbildern und Fotos von Jenkins umhüllten die Großbände. Der erste Band aus dem Jahre 1934 lautete „Bruder Teufel", verfasst von Klaus Temborn, der letzte Vorkriegsgroßband Nr. 56 von 1939 lautete „Alles sucht Garzia" von Nils Krüger. Der Haupttitel „Abenteuer des Billy Jenkins" suggerierte dem Leser, der Künstler habe die Abenteuer selbst erlebt. Zusätzlich wurde der Eindruck von Realitätsnähe dadurch erhöht, dass die Handlung ungefähr im Lebens- und Zeitbereich von Jenkins angesiedelt war: Die spannend erzählten, unglaublichen Geschichten, die in den zwanziger und dreißiger Jahren spielen, zeigen Ingredienzen moderner Technik: U-Boote, Flugzeuge, Maschinengewehre gelangen zum Einsatz. Der Held agiert in Nord-, Mittel- und Südamerika, wo er gesetzestreu und häufig mit Hilfe des holländischen Seemanns Hein Pott dem Guten zum Sieg verhilft.

Der erste im Leipziger Werner Dietsch-Verlag publizierte Heftroman hieß „Der Teufel der Savanne", der letzte Vorkriegsroman mit der Bandnummer 264 führte den Titel „Im Urwald verschollen". Den Erzählungen war jeweils ein über den geschichtlichen Hintergrund informierendes Vorwort vorangestellt; das Faksimile von Jenkins markanter, schwunghafter Unterschrift sollte die Glaubwürdigkeit des Erzählten erhöhen. Die Schmöker sind heute Raritäten, da die meist jugendlichen Käufer die vom häufigen Gebrauch zerlesenen Bücher oft wegwarfen. Andere Western-Serien wie Alaska-Jim (1935–1939) und Tex Bulwer (1936–1938) wurden vom Erfolg der Jenkins-Serie in den Schatten gestellt, denn die Verwendung des Namens eines bekannten Zirkus-Cowboys und

Greifvogeldresseurs steigerte die Faszination des Erzählten erheblich. Die Leser bauten teilweise ein tiefes emotionales Verhältnis zu der Heftreihe auf; in Konradshöhe erhielten die Kinder von Jenkins signierte Freiexemplare. Dem Künstler erwuchs eine stattliche Ertragsquelle aus der erfolgreichen Serie, für die er lediglich seinen Künstlernamen und ein Brustbild zur Verfügung stellte.

Jenkins ließ Mitte der dreißiger Jahre vom Berlin-Tegeler Wilhelm-Möller-Verlag, der 1931–1941 die „Nord Berliner Tagespost" herausgab, Werbeblätter für die Hefte und Romane drucken. Der Möller-Verlag gibt heute die Wochenzeitung „Der Nord-Berliner" heraus. Ein Sammler fand in dem Band „Die schwarzen Ratten" (1934) außer einer Widmung von Jenkins an seinen Freund und Agenten, Robert Wilschke, ein vermutlich vom Artisten selbst eingeklebtes, ca. DIN A 4-großes, gelbes Werbeblatt, auf dem der lassoschwingende Artist neben zwei Indianerköpfen zu sehen ist. Der Werbetext hebt mehrfach in Fettdruck den Namen „Billy Jenkins" hervor und suggeriert den Cowboy-Mythos:

„Die spannendste Unterhaltungsliteratur war immer der goldene, wilde Westen Amerikas mit seinen Abenteuern, Cowboys, Gangstern, Viehdieben, Bankräubern, Kidnappers, Eisenbahndesperados u. Goldgräberromanen! Heut steht an der Spitze derartiger Romanfiguren der bekannte, beliebte Wildwestmann *Billy Jenkins*. Ein deutscher Junge, welcher von frühester Jugend im Lande der unbegrenzten Möglichkeiten und anderen Erdteilen seine Erlebnisse in Romanform durch die verschiedensten Schriftsteller wiedergibt. *Billy Jenkins* ist keine Phantasiefigur, auch kein Ausländer, der verherrlicht wird, sondern ein Deutscher, welcher über'n großen Teich als Pionier sich einstmals versuchte, das ist *Billy Jenkins*, heute der bekannteste Cowboyartist, über den jede Woche ein neuer Heftband seiner Bücherserien erscheint (...) Der kolossalen Beliebtheit wegen erscheinen die Hefte und Bücher *Billy Jenkins* heut nicht mehr allein in deutscher Sprache, sondern auch in Italien auf Italienisch, also bereits zweisprachig." Der Text endet mit der Aufforderung an „alle Varieté- u. Zirkusunternehmen", die Jenkins-Schau zu buchen, denn: „Wenn Sie *Billy Jenkins* gebucht haben, ist er der Schlager der Saison ihrer Programme. Adresse: *Billy Jenkins' Farm, Konradshöhe b. Berlin-Tegel.*"

Interessant ist der Hinweis, dass die Jenkins-Romanserie in Italien erschien, denn bisher waren lediglich deutschsprachige Hefte und Romane bekannt. Mit dem Helden Billy Jenkins betrat erstmals ein Cowboy die trivialliterarische Landschaft in Deutschland. Der umsichtige, harte, zugleich verständnisvolle Held begünstigte die Legendenbildung, die sich um den Mythos vom Wilden Westen rankte. Die Handlung, geschickt in Spannungsbögen eingeflochten, die sich stets zu einem spektakulären Showdown entwickeln, forderte vom Autor Konzentration auf wenige, aber scharf gezeichnete Figuren. Das vorherrschende Gut-Böse-Schema vor exotischer Kulisse endet stets mit dem Sieg des überlegenen Helden, der wenig spricht und vernünftig handelt. Jenkins ist der Prototyp des Einzelkämpfers, der als Special-Police-Agent einsam durch die Welt zieht, um dem Recht zum Sieg zu verhelfen. Für den Westmann sind Gerechtigkeit und Gesetzestreue eine Einheit, beide gilt es mit Blut und Leben zu verteidigen; eine konservative Grundeinstellung ist nicht zu übersehen. Der Romanheld setzt sich für Benachteiligte und Minderheiten ein, rettet Indianerstämme vor Drogenmissbrauch und Übergriffen der mexikanischen Regierung.

Die moralische Dichotomie, die strenge Trennung von gut und böse, ist indes kein Hindernis für abwechslungsreiche Spannung, denn das Milieu wechselt von Heft zu Heft, und der Leser kann an den teilweise humorvollen Unterhaltungen, die er mit Hein Pott oder anderen führt, teilnehmen. Jenkins kämpft gegen Autobahnbanditen, Falschmünzer, Menschenschmuggler. Er birgt Piratenschätze, schützt indianische Heiligtümer vor Übergriffen der Bleichgesichter und rettet durch Drogen zu Robotern verwandelte Menschen, die nach Gold schürfen müssen. Eltern beklagten oft einen schulischen Leistungsabfall ihrer Kinder aufgrund der Schmöker-Lektüre.

Für viele Jugendliche der dreißiger Jahre bedeutete das Lesen der Jenkins-Romane eine Form des inneren Widerstandes gegen die Konformität nationalsozialistischer Jugendpolitik. Ein Zeitzeuge berichtet, dass Billy Jenkins – als realer Artist oder fiktiver Romanheld – ein kultureller Gegenpol zu den uniformistischen Bestrebungen der Reichsführung war. Motive wie der reitende Cowboy auf der Prärie, die urwüchsige Lebensweise amerikanischer Ureinwohner sowie allgemein die phantastische Wildwest-Abenteuerromantik lieferten einen mythischen Kosmos, der dem NS-Kult einen Widerpart bot. Insbesondere für Individualisten war

Jenkins eine ideale Identifikationsfigur, die in einer Phase moralischer Anfechtungen eigene Werte und Maßstäbe vermittelte. Besonders attraktiv wirkte das Identifikationsangebot dadurch, dass der Held meist in Feindesland, nämlich in den USA, aktiv war und damit unterschwellig gegen die antiwestliche Propaganda der Nazis auftrat. Die Serie geriet in das Blickfeld der politischen Machthaber. Ab September 1939 galten die Jenkins-Romane als unerwünscht, weil der Titelheld einen englisch klingenden Namen trug. Die Reichsschrifttumskammer verbot die Serie. Ursprüngliche Jenkins-Manuskripte schrieb man für die Anforderungen der deutschen Zensur um. Jenkins firmierte 1940 alternativ als Robert Ramm (Edelsteine aus Peru, Der schwarze Salamander, Abenteuer in der Sierra, Banditenjagd), Wolfhardt Gran (In nordischer Wildnis) oder Ernst Rink (Geister-Pablo), der mit seinem Freund Hans Kiekebusch Abenteuer erlebte. Noch heute existieren Manuskripte von Jenkins-Romanen, die wegen des Kriegsausbruchs unveröffentlicht blieben.

2. Nachkriegsausgaben (1949–1963)

Im Jahre 1949 hoben die Siegermächte den Lizenzzwang für Verleger auf, außerdem bot die Einführung der Deutschen Mark eine gesicherte finanzielle Grundlage für das Geschäftsleben. In der Bundesrepublik Deutschland entwickelte sich daraufhin ein umfangreicher Absatzmarkt für Trivialliteratur. Fünf Jahre später existierten 162 Heftserien, darunter 79 Wildwest-, Kriminal- und Abenteuerreihen. Die Sättigung des Marktes ab 1954 führte zur Halbierung des Serienangebotes und Verlagskonzentration, sodass in den sechziger Jahren nur noch sechs Unternehmen marktbeherrschend waren, es handelte sich um die Verlage Bastei, Kelter, Marken, Moewig, Pabel und Zauberkreis. Zu den Wildwestreihen der fünfziger Jahre zählten „Der neue Buffallo Bill" (1951), „Die Rothaut" (1958–1961) und „Coyote" (1949–1950). Führend waren die Serien „Billy Jenkins" (1949–1963), „Tom Prox" (1950–1962) sowie die bis heute aufgelegten Bastei-Western.
Der Leipziger Verlagsbuchhändler Paul Wollenhagen siedelte seine drei Verlage aus der Sowjetischen Besatzungszone nach Uelzen, Gudesstraße 17 (Niedersachsen) um. Am 31. Oktober 1948

schrieb Wollenhagen an Jenkins, der in Hof am Sonnenplatz wohnte, einen Brief mit dem Vorschlag, die Romanserie neu zu veröffentlichen. Von einem „Stab erstklassiger Schriftsteller" sollten die neuen Hefte in volkstümlicher Weise verfasst werden. Der Verleger betonte, dass der Dietsch-Verlag die Reihe nach dem Kriege nicht habe aufleben lassen und über keine Rechte verfüge.

Seit April 1949 besaß Paul Wollenhagen die Lizenzurkunde für den Uta-Verlag. Eine Übereinkunft mit Jenkins kam zustande, und ab Juni 1949 erschien das erste Heft. Die Gratifikation für Jenkins durch den Uta-Verlag betrug – mindestens vorübergehend – monatlich DM 1200,– [Schreiben von Wollenhagen an Jenkins vom 23. Juni 1952], zwischenzeitlich erfolgten unregelmäßige Abschlagzahlungen. Der Anfangserfolg der Heftserie war bescheiden, denn von 9000 Postwurfsendungen gingen beim Uta-Verlag lediglich 10 Prozent Bestellungen ein, die Auftragseingänge deckten keinesfalls die Kosten. Hergestellt wurden die Hefte bei „Kleins Buch- und Kunstverlag GmbH", Lengerich/Westfalen, Schulstraße 44–48. Wollenhagen startete einen Werbefeldzug bei den Grossisten und in der Öffentlichkeit, ein Bestandteil dieser Kampagne war die Verteilung von bunten Aufklebern, Anstecknadeln und Anhängern. Im Vorfeld der Jenkins-Wandershow wurden systematisch die Buchhändler der jeweiligen Veranstaltungsorte informiert. Oktober 1949 reifte der Plan, eine Großbandreihe aufzulegen, die ab März 1950 erschien.

Im selben Jahr ging der nach dem Krieg in Hohegeiß/Unterharz beheimatete Dietsch-Verlag juristisch gegen den Uta-Verlag wegen der Neuauflage der Romanserie vor. Am 5. August kam es zu einer Verhandlung vor dem Amtsgericht Köln, wo Jenkins persönlich – vermutlich unter Eid – aussagte. Der Prozess ging zugunsten des Uta-Verlages aus, der 1951 nach Sinzig am Rhein (Rheinland-Pfalz), schließlich nach Bad Godesberg, Rüdigerstraße 39 (Nordrhein-Westfalen) umzog. In Godesberg arbeitete der Uta-Verlag mit der Sklenka & Pabel KG zusammen, und Ende der fünfziger Jahre übernahm der Erich Pabel Verlag in Rastatt (Baden-Württemberg) die Produktion der Heftserie. Innerhalb von vierzehn Jahren erschienen 370 Heftausgaben und 116 Großbände. Eines der vierzehntägig erscheinenden Hefte kostete anfangs 40, dann 50, später 70 Pfennige, die Großbände DM 5,30, ab Band 23 DM 5,80. Der Titel des ersten Heftes von 1949 lautete „Die Hand am Colt", der letzte Schmöker von 1963, Band 370, führte den Namen „Sein letzer Bluff". Der erste Großband von 1950 lautete „Bill – der Gunman", 1955 endete die Buchreihe mit dem Titel „Das letzte Zeichen" (Nr. 116).

In einem Schreiben erinnert sich Jenkins an Einzelheiten seiner Zusammenarbeit mit dem Dietsch-Verlag, die ihn gegenüber dem Uta-Verlag zur Vorsicht mahnten: 1940 – nach Einstellung der Serie – löste der Dietsch-Verlag die schriftliche Vereinbarung, wonach der Artist das Pauschalhonorar von DM 200,– monatlich nicht mehr erhielt. Jenkins besuchte den Verleger Dietsch und wollte ihm Restposten seiner Bücher abkaufen, was dieser mit dem Hinweis verweigerte, dass die Serie in Deutschland verboten und nur noch in der Schweiz verkaufbar sei. Die Valuta für dieses Geschäft müsse der Verleger abliefern. Jenkins wollte nach dem Brandunglück seinen früheren Geschäftspartnern und Kollegen Hefte mit Widmungen senden, um wieder ein Lebenszeichen von sich zu geben. Dietsch zeigte sich diesem Wunsch gegenüber ablehnend, worauf Jenkins verärgert reagierte. Der Artist betonte, dass „erst durch die neue Währung, wo ich ein eigenes reisendes Geschäft arrangierte" der Name Billy Jenkins wieder bekannt sei und der Dietsch-Verlag kein Recht habe, diesen Künstlernamen zu verwenden.

Ein Beispiel innerdeutscher Problematik sei angemerkt: Jenkins Quedlinburger Freund Heinz Müller schrieb unter dem Pseudonym Hugh Miles für die Romanreihe, unter anderem die Titel „Billy packt zu!" und „In letzter Minute". Müller schlug Jenkins vor, über seine Erlebnisse in Afrika einen Roman zu schreiben, „doch Billy wollte es nicht, denn die Deutschen wollen den Wilden Westen und nicht Afrika." Heinz Müller hat dennoch – vermutlich als einziger Autor – über die vermeintlichen Afrika-Erlebnisse von Jenkins aus dem Jahr 1914 berichtet. Müller, in der DDR lebend, wurde „abgehört" und bekam mit den Staatsorganen Schwierigkeiten. Seine Gattin schmuggelte die in der DDR verbotenen Texte „über einen Friedhof an der Grenze des geteilten Berlin", wie Müller in einem Brief vom 16. Februar 1999 an den Verfasser schrieb. Mittelsmann dieses Handels war ein Herr Aeckerle, späterer Regisseur der ARD, über den die Honorare liefen. 1953 teilte der Uta-Verlag mit, der Autor solle einen neuen Westernhelden erfinden. Müller kreierte eine Titelfigur namens „Jonny Weston", die neben der Jenkins- und Prox-Reihe erschien. Billy soll darüber „sehr traurig" gewesen sein. Von Heinz Müller/Hugh Miles

Romanautor
und Jenkins-Freund
Heinz Müller

gibt es noch heute, wie das Afrika-Beispiel andeutet, unveröffent-
lichte Jenkins-Manuskripte in Privatbesitz.

Ein Kuriosum der Jenkins-Roman-Veröffentlichungen sei erwähnt: 1936 brachte der Werner Dietsch Verlag den von Hans Walter Kappler alias Hannes Kempp verfassten Band „Die Silberräuber" heraus. Nach dem Krieg vermarktete Kappler den Vorkriegsroman in stark gekürzter Form unter dem Pseudonym H. K. Wal-
ker. Es handelte sich um einen im Mannheimer Wendeband-Verlag
erschienenen Roman der Reihe „Western- und Trampgeschichten"
mit dem Titel „Das Blaugesicht von Silverspring". Die Wendeband-
Romane enthielten zwei Geschichten in einem Band, der 60 Pfennige kostete. Der Roman „Die Silberräuber" wurde von Kappler
ebenfalls für die Western-Reihe „Der Ruf der Prärie" bei der
Buch-Union GmbH, Verlagsanstalt Frankfurt am Main umgearbei-
tet. Todesreiter Jenkins firmierte in dem 1951 erschienenen Band
unter dem Namen Jim Cross. Es gab in den fünfziger Jahren zahlreiche Neuauflagen von Jenkins-Romanen unter anderem Namen,

dazu gehörten die Serien Bill Rocky, Bob Hill, Billy Perkins, Frank Wolter, Bill Benk, Nevada-Gill, Allan Scott, Texas-Kid, Tim Rex und Berry Cane.

Zum Thema Jenkins-Romane in der DDR ist in den Mitteilungen der Karl-May-Gesellschaft (M-KMG, 83/1990) aus der Akte „Leihbüchereien 1954–1957" ein Gespräch vom 24. September 1951 zwischen dem Obermeister des Buchbinderhandwerks und dem Obmann der gewerblichen Leihbüchereien in Cottbus wiedergegeben. In der Unterredung werden Wildwestgeschichten „von der Art eines Billy Jenkins" als Schund- und Kitschliteratur abgelehnt, die aus den Büchereien zu entfernen sind. Man kann daraus schließen, dass Jenkins-Romane Anfang der fünfziger Jahre in der DDR durchaus ein Begriff waren, zumal in den Bibliotheken gewiss noch Vorkriegsbücher verliehen wurden.

Merchandising der fünfziger Jahre waren die „Bunten Billy-Jenkins-Sammelbilder", welche die Packungen von „OK Kaugummi" und „BBB Ballon Bon-Bon" enthielten. Die Hefte erschienen mit koloriertem, zweifarbigem Titelbild, das ebenso wie die Klebebilder meist vom Zeichner Heinrich Berends angefertigt wurde. Die Sammler klebten die Bilder in die Hefte zwischen den Text einer Jenkins-Erzählung ein. Band 1 führte den Titel „Die feindlichen Rancher", erzählt von Jolly Gray, Band 2 hieß „Ein G-Man kam nach Lato" von Jo Reuter. Ein österreichischer Verlag produzierte Nachdrucke dieser Hefte. August 1993 wurden von einem Hamburger „Billy-Jenkins- und Tom-Prox-Telefonkarten" in limitierter Auflage von 2000 Stück angeboten, die Vorderseite vierfarbig, die Rückseite zweifarbig.

Die reißerisch aufgemachten Titelbilder der Heftserie im Vierfarbdruck passten sich dem neuen Zeitstil an. Während in den frühen Jahren Originalfotografien die Glaubwürdigkeit des Erzählten untermauerten, nahm insbesondere der Pabel-Verlag die Umschlagseiten als Werbeträger für andere Produkte. Der Western- und Plakatmaler Klaus Dill (geb. 1922), der 1992 die Züricher Karl May-Ausgabe illustrierte, arbeitete nicht für die Jenkins-Reihe, sondern für die Tom Prox-Serie. Dill schilderte, wie er auf der Frankfurter Buchmesse 1951 den Chef des Uta-Verlages und Autor Joachim Rennau persönlich kennen lernte. Man beabsichtigte, mit der ursprünglichen Jenkins-Nebenfigur Tom Prox auf dem prosperierenden Markt eine eigene Reihe aufzubauen, Dill wurde als Zeichner engagiert. Nach eigenen Angaben erhielt der Künstler pro Deckelbild oder Schutzumschlag Anfang der fünfziger Jahre DM 75,–, später DM 150,–. Vermutlich erhielten die Zeichner der Jenkins-Serie ein vergleichbares Honorar. Der bei Hannover lebende Comic-Zeichner Hansrudi Wäscher (Jahrgang 1928), der 1953–1968 für den Lehning-Verlag arbeitete und durch die Zeichenserien Ritter Sigurd, Dschungelheld Akim, Astronaut Nick und Wildwest-Held Buffallo Bill bekannt wurde, begegnete Jenkins in Köln.

Carl-Heinz Dömken (geb. 1929), in Niedersachsen wohnend, fertigte 1946/47 für Jenkins Werbepostkarten an, die allerdings nie veröffentlicht wurden. Billy hängte diese Bilder im Wohnwagen an der Tür auf, wie er in einem elegischen Brief vom 7. September 1953 an seinen Quedlinburger Freund Heinz Müller schrieb: „Die Bilder des jungen Mannes, der diese Zeichnungen machte, die du mir damals sandtest, habe ich getreulich aufgehoben, inzwischen hängen sie bei mir im Wagen an der Tür angebracht, gezeichnet sind sie von Dömken."

Einer der wichtigsten Autoren der Jenkins-Nachkriegsreihe ist der noch heute bekannte Western-Schriftsteller Gert Frits Unger, der den Titelhelden nie persönlich kennen lernte. Unger berichtet,

Jenkins-Romanautor
Gert Frits Unger

Romanautor Joachim Rennau

dass der erste von ihm veröffentlichte Roman der mit Eichenlaub verzierte Jenkins-Jubiläumsband Nr. 50 mit dem Titel „Die drei Furchtlosen" (1951) war. Er verfasste zahlreiche Heftromane und acht Jenkins-Bücher. Der ehemalige U-Boot-Matrose wurde nach dem Zweiten Weltkrieg Montage- und Bauleiter bei Siemens. Er schrieb bis 1953 unter dem Pseudonym Broderick Old für die Jenkins-Serie. Er arbeitete außerdem für Tom Prox und für die erfolgreiche Pete-Reihe. Unger distanziert sich rückblickend von der Jenkins-Serie, die ihm als zu oberflächlich, historisch und geographisch mangelhaft fundiert erschien. Um dieses Defizit auszugleichen, schuf er eine neue Szenerie und neues Personal. Die Einführung der Herz-As-Ranch, Jim Chesters, Dick Hansons, Phil Morels, des Vormanns Charly Skinner und anderer war für die Serie von entscheidender Bedeutung. Der Captain der Special Police, Todesreiter Billy Jenkins, der meist mit den Freunden Jim und Dick das Böse bekämpfte, besaß nun eine Farm in Arizona. Während Jenkins in den Vorkriegsausgaben meist ein heimatloser Polizeiagent war, der auf dem gesamten amerikanischen Kontinent agierte, besaß der Privatrancher nun einen Lebensmittelpunkt im Wilden Westen.

Der gebürtige Berliner Joachim Rennau (1919–1993) war in den fünfziger Jahren einer der führenden Autoren der Unterhaltungsliteratur. Rennau, der bereits als Gymnasiast Geschichten erfand, veröffentlichte vor dem Krieg einen Buchroman zur Serie Kansas Jack sowie Heftromane zu den Serien Billy Jenkins, John Kling und Hein Class. Frühzeitig benutzte er sein Hauptpseudonym Rolf Randall, dem sich später weitere zugesellten, etwa Alexander Brent und K. W. Browne. Vor dem Zweiten Weltkrieg war Rennau Schriftsteller, freier Berufsjournalist und Redakteur, unter anderem bei einer Luxemburger Zeitung. Während des Krieges zum Militärdienst eingezogen, schrieb Rennau im Heimaturlaub seine Eindrücke als Panzerjäger an der Front nieder. 1943 legte er die Aufzeichnungen der Reichsschrifttumskammer vor. Das Buch „Und Satan lacht" erschien allerdings erst nach Kriegsende unter dem Autorennamen Rolf Renn in einem Luxemburger Verlag.

In den fünfziger Jahren wandte er sich der freien Schriftstellerei zu, mit der er seine fünfköpfige Kinderschar ernährte. Er wurde einer der Hauptautoren der Buch- und Heft-Serien beim Uta-Verlag und schrieb für die Reihen Jenkins, Tom Prox und Pete. Sein Sohn, Joachim Rennau jun., berichtet, dass Vater meist nachts an der

Schreibmaschine saß und die abenteuerlichen Texte verfasste. Die Kinder schliefen zu dieser Zeit, aber morgens schlich der Nachwuchs in Rennaus Zimmer und spähte aus, wie die spannende Story vom Vortage weiterging. Rennau schrieb in seiner besten Zeit – bei erheblichem Kaffee- und Tabakgenuss – monatlich zwei Bücher. Seine Produktion teilte sich in jeweils ein Drittel Billy-Jenkins-, Tom Prox- und Kriminalgeschichten ein; er verfasste auch Science-Fiction-Storys für unterschiedliche Leihbuchverlage. Rennau zog nach Bekunden seines Sohnes Fachbücher und Landkarten für die Arbeit heran und versuchte – im Rahmen der Arbeitsüberlastung – einigermaßen historisch fundierte Texte abzuliefern. Der Autor begegnete Jenkins persönlich bei der Frankfurter Buchmesse von 1950 und lernte in dem Artisten einen umgänglichen und freundlichen Mann kennen.

Im Falle einer Filmproduktion wäre Hans Albers (1892–1960) die ideale schauspielerische Besetzung gewesen, der Chef des Uta-Verlages dachte daran, mit Billy selbst einen Steifen zu drehen. Eine Verfilmung des Jenkins-Stoffes fand allerdings nicht statt, der Held und seine Paladine durchzogen die Jagdgründe des Wilden Westens auf bedrucktem Papier und in der Phantasie unzähliger jugendlicher Leser, die freitags auf das neue Jenkins-Heft lauerten. Die Generation der in den vierziger Jahren geborenen Kinder wurde in den fünfziger Jahren lesekundig. Sie stillte den Hunger nach Abenteuern und Vorbildern durch die Lektüre jener reißerischen Schmöker, die ihnen einen idealtypischen, mythischen Kosmos boten. Der verwegene und warmherzige, agile und überlegt handelnde Held, der unvergleichlich ritt, schoss, kämpfte, war vor allem für Knaben ein Vorbild. Häufig sah sich der Uta-Verlag genötigt, den Texten gewaltstiftende Funktion abzusprechen. In Heft 79 (1952) zieht der Verlag unter der Überschrift „Achtung! Miesmucker am Werk" gegen Kritik an seinem Produkt zu Felde.

Die in den Vorkriegsausgaben kultivierte Suggestion der Authentizität des Erzählten wurde übernommen, ja gesteigert: Lautete der Haupttitel in den dreißiger Jahren noch neutral: „Die Abenteuer des Billy Jenkins", so startete die Heftreihe 1949 mit dem Anspruch, „bearbeitete" Berichte „des Westmannes Billy Jenkins" vorzulegen. Eine dem Vorwort nachgestellte faksimilierte Unterschrift des Helden, sein in einen Kreis gefasstes Konterfei am oberen linken Rand des Titelbildes sowie schwarzweiße Originalfotos, die Jenkins leibhaftig zeigen, waren für die Halbwüchsigen Anlass genug, an die Wahrheit der faszinierenden Geschichten zu glauben. Mit Hilfe von Werbegedichten wurde die Massenware Trivialliteratur angepriesen:

„Liest man einen BILLY JENKINS Band
hat man Vorteile ALLERHAND!
Die Jugend liest mit mutiger PHANTASIE
so gut und schnell lesen und lernen sie es durch die Schule NIE.
Die große Schrift schont die Augen der ALTEN
bei soviel Spannung können sie auch nie VERKALKEN.
Die verwöhnten Leser werden durch gutes Deutsch befriedigt!
BILLY JENKINS Lektüre ist im Preise sehr niedrig!"

Als der Held Januar 1954 starb, veröffentlichte der Uta-Verlag eine Heftbeilage in Form eines mit Trauerrand geschmückten Blattes, das eine Fotografie von Jenkins mit einem Greifvogel zeigt. Im Text heißt es: „Tief erschüttert stehen wir an der Bahre des großen Abenteurers. Mit uns trauert die gesamte Lesergemeinde." Der Text weist auf die schweren Verletzungen hin, „die er sich im Kriege zuzog". In Wahrheit erlitt er die Verletzungen auf einer Zirkustour, doch diese Tatsache war dem Verlag für das Image des Einzelkämpfers und Idealisten zu profan, Jenkins wurde kurzweg und wider besseres Wissen zum Wehrmachtssoldaten gekürt. Die Rückseite des Blattes enthält folgende „Mitteilung an unsere Leser": „In Billys Hinterlassenschaft fanden sich Aufzeichnungen, die uns von den Erben übergeben wurden, sodass die Herausgabe weiterer Erzählungen gewährleistet ist." Die angeblichen Notizen des Helden reichten lange Zeit, um das lesende Publikum an die Ware Jenkins zu binden.

In den fünfziger Jahren gab es in der Bundesrepublik Deutschland zahlreiche öffentliche Debatten über „Schmutz- und Schundliteratur". Unter anderem fand 1952 beim Kölner Bahnhofsbuchhändler Gerhard Ludwig ein „Mittwochsgespräch" zum Thema Jenkins-Romane statt. Über diese Begegnung berichtete die Zeitschrift „Aufwärts" ausführlich am 3. April 1952. Man warf den Romanen unmoralische Inhalte mit Mord und Totschlag vor. Die Kontroverse ging hoch her, und es wurde bedauert, dass Jenkins selbst nicht zugegen war. Der Verleger versuchte die Anwürfe durch den Hinweis zu entkräften, dass das Niveau der Romane gestiegen sei, weil nicht mehr – wie zu Beginn – mindestens 18 Tote pro Heft vorkämen. Außerdem sei man „literarischer" geworden und am Ende siege stets die Gerechtigkeit. Die Diskutanten kamen indes zu keiner Angleichung der Standpunkte.

Die Leserschaft bestand der Forschung zufolge nicht ausschließlich aus Jugendlichen. Wie die Autoren, so gehörte auch das Publikum allen sozialen Schichten an. Heftlesen ist somit nicht lediglich eine Funktion mangelnder Bildung, sondern hat andere Motivationen, die nicht unbedingt von der sozialen Schicht des Lesers abhängig sind. Die Psychologie weist auf das Angebot fiktiver Fluchtwelten in den Groschenromanen, auf den Helden als Surrogat für unerfüllte Sehnsüchte hin. Ein Geheimnis der „Ars poetica", der poetischen Kunst der Unterhaltungsliteratur, liegt gewiss in der Minimierung der Distanz zwischen dem Helden und dem Leser, was bei Jenkins, der ein leibhaftiger Zeitgenosse war, besonders starke Wirkung zeigte. Der Lustgewinn, der Spaß am Lesen war erheblich. Peter Rühmkorf (geb. 1929), Hamburger Lyriker, sammelte in dem 1967 bei Rowohlt veröffentlichten Buch „Über das Volksvermögen. Exkurse in den literarischen Untergrund" Beispiele für parodistische Volksgedichte. Wenn hinter jeder Parodie auch ein guter Teil Liebe versteckt ist, so ist folgendes Gedicht, aus Kindermund stammend, Ausdruck von Zuneigung:

> „Ein Schuss erkrachte
> Billy Jenkins erwachte
> Er trat ans Fenster
> Und sah Gespenster
> Er nahm sein Gewehr
> Der Lauf war leer
> Er nahm sein Messer
> War auch nicht besser
> Er nahm den Colt
> Fortsetzung folgt –"

IV. ERBEN UND NACHFOLGER

Am 29. April 1945 organisierte die sowjetische Besatzungsmacht die erste provisorische Verwaltung für den Berliner Bezirk Reinickendorf. Die russische Ortsverwaltung für Konradshöhe nahm ihren Sitz in der Sandhauser Straße 5. Als Bürgermeister des Ortes wurde von der sowjetischen Behörde der Buchdrucker Reinhold Fischer eingesetzt. Sein Amtssitz war Habichtstraße 8, das Haus von Billy Jenkins. November 1945 übernahm Fischer zusätzlich die Verwaltung von Tegelort, bis 1947 das neu eingerichtete Bezirksamt Reinickendorf die bestehende Organisationsstruktur auflöste und eine zentrale Bezirksverwaltung einrichtete. In der Habichtstraße 8 wurden die Lebensmittelkarten ausgegeben, außerdem fand dort die polizeiliche An- und Abmeldung statt.

Nach Kriegsende bot der Garten der Jenkins-Farm ein Bild der Plünderung und Zerstörung. Zirkuskutsche, Totempfähle, Indianerzelte und vieles exotische Inventar waren entwendet, hölzerne Gegenstände als Brennstoff verwertet. Das Innere des Hauses war weitgehend ausgeräumt. Eine Zeitzeugin, damals als Wohnungsprüferin beim Bürgermeister von Tegelort/Konradshöhe tätig, fand als einziges Überbleibsel der Bibliothek ein Buch mit persönlicher Widmung von Hans Stosch-Sarrasani an Jenkins. Die Publikation enthält als Exlibris den Stempelaufdruck „Billy Jenkins Farm". Fotografien des Buches, die Jenkins zeigen, sind von ihm mit Bleistift angekreuzt. Ein weiteres, vom Künstler stammendes Relikt ist das Sandstein-Relief eines Indianerkopfes. Sämtliche in der Villa aufgefundenen Romane und Schriftstücke wurden vom Bezirksamt an interessierte Berliner verkauft, wodurch der Dezentralisierung von Jenkins-Dokumenten Vorschub geleistet wurde.

Billys langjährige Lebensgefährtin Frieda Schönmann erbte Haus und Grundstück in Konradshöhe. In einem Kölner Altersheim lebend, organisierte Frau Schönmann den Verkauf der Berliner Liegenschaft. Bestellter Notar war Rechtsanwalt Dr. Nawrocki, Weißenburgstraße 78, Köln 16. Gemäß Kauf- und Auflassungsverhandlung vom 19. September 1955 veräußerte Frieda Schönmann den Besitz an Tamara Raspini, geborene Serbin, wohnhaft München, Zirkus Krone, Marsstraße. Die in Russland gebürtige Artistin war langjährige Bekannte von Jenkins, ihr Name stammt vom italienischen Ehemann. Die „Drei Raspinis" waren eine jener Artistikgruppen, die mit Jenkins vor seinem Brandunglück beim Zirkus Micaela Busch in Litzmannstadt gastierten. Tamara und Oreste waren die Eltern von Elvira und Eduardo Raspini.

Frau Schönmann ließ 1955 die in Wandfächern verwahrten Urnen von Georg und Elfriede Rosenthal herausnehmen und anonym auf dem Friedhof Gerichtstraße/Berlin-Wedding bestatten. Die Liegenschaft in Konradshöhe war – rechnet man Frau Schönmann als Angehörige von Jenkins – über 42 Jahre lang im Besitz der Familie Rosenthal.

„Friedel" – so lautete der Kosename, den Billy benutzte – nannte sich Schönmann-Jenkins und versuchte, die Heftreihe „Captain Billy Jenkins Neue Abenteuer" aufzubauen, obwohl die Rechte an der Romanfigur beim Uta-Verlag lagen. Der Kölner Adler-Verlag, Schönmann & Co., startete die Serie 1956. Band 1, der in Deutschland für 50 Pfennige, in Österreich für 3 Schillinge angeboten wurde, hieß „Der Sieger". Eine Weiterführung der Serie wurde allerdings juristisch verwehrt. Band 2 sollte „Die Entscheidung", Band 3 „Unter dem Nordlicht" heißen. Reste des ersten Bandes verrotteten jahrzehntelang in einer Garage und wurden schließlich durch Wassereinbruch vernichtet. Nur ca. 120 Exemplare kamen in Sammlerhand.

Ein Zeitzeuge berichtet, dass Frieda Schönmann März 1969 fast völlig erblindet war. Sie litt an grauem Star, und ihre letzten schriftlichen Lebenszeichen von Oktober 1969 geben ein beredtes Zeugnis vom allmählichen Verlust des Sehvermögens. Fotograf Henry Maitek und seine Frau betreuten die alte Dame, die Anfang der siebziger Jahre verarmt in einem Kölner Altersheim starb. Der Lebensgefährte ihrer letzten Jahre war ein kleiner Pudel.

Nachdem Frau Schönmann ihre Wohnung in der Kölner Eifelstraße verlassen hatte, stieß ein Mieter beim Wohnungsumbau in der Wand auf eingemauerte Briefe und Dokumente. Bei den vergilbten Papieren handelt es sich um eine amerikanische Steuererklärung von 1937 auf die Namen des Ehepaars Isidor und Esther Schachter, wohnhaft 4700 Broadway, New York City, sowie um mehrere US-amerikanische Schriftstücke. Diese kuriosen Dokumente belegen indes weder, dass Billy ein jüdisches Ehepaar unterstützt habe, noch dass er jemals in New York war.

Der wirkliche Erbe von Jenkins war nicht seine Lebensgefährtin, sondern Friedrich Carl Wobbe (1924–1995). Jenkins lernte den jungen Mann während der Proben 1936 auf dem Heiligengeistfeld in Hamburg kennen. Wobbe lag unter den Zuschauerbänken und sah verbotenermaßen Jenkins zu, der seiner Partnerin Friedel mit Hilfe eines Spiegels und nach rückwarts gerichteter Flinte eine Herz-As-Karte aus der Hand schoss. Billy warf den ungebetenen Gast aus dem Zelt. Der junge Mann erschien allerdings immer wieder, sodass es zwischen ihm und dem Künstler häufig zu Rangeleien kam. Es entwickelte sich dennoch eine dauerhafte Freundschaft.

Friedrich Carl Wobbe, am 12. Oktober 1924 in Hamburg/Niendorf geboren, gelernter Kaufmann, war anfangs Gemüsegroßhändler, später Graphologe und Lichtbildner und hatte einen von seinen Großvätern Claus Wiebcke und Heinrich Wobbe ererbten Hang zum Erzählen von Abenteuergeschichten und zur Schriftstellerei. Großvater Wiebcke fesselte den kleinen Friedrich durch Spukgeschichten; Heinrich Wobbe schrieb zwei Bücher über die französische Besatzung in den Vierlanden. Friedrich Carl Wobbe besuchte in den Gymnasialferien Jenkins auf der Farm in Konradshöhe und brachte seine Eindrücke zu Papier. Das biographische, inzwischen antiquarische Werk ist leider nur in Schmökerform erschienen. In der Urfassung des Heftes „Billy – König der Cowboys" übernahm in der in Wyoming spielenden Adler-Episode noch Jenkins fiktiver Freund Hein Pott die Rolle des Halbbluts Jack. Der Hamburger veröffentlichte zahlreiche Tiergeschichten und Abenteuererzählungen – teilweise in Plattdeutsch.

Wobbe übernahm nach Jenkins Tod die größten Teile der umfangreichen exotischen Sammlung. 1955 eröffnete er in Billys letzter Wohnstätte, Köln, Eifelstraße 14–16, ein Billy-Jenkins-Gedächtniszimmer, in dem neben Western-Equipment Billys Sattel und seine Reitstiefel zu sehen waren. Es handelte sich um die Wohnung von Frieda Schönmann, die dort gemeinsam mit ihrer Schwester lebte. Ein Zeitzeuge berichtet von einem Museums-Besuch kurz nach dessen Eröffnung, wo er sich bemühte, mehr über die Vergangenheit von Billy zu erfahren. Frau Schönmann-Jenkins, wie sich Frieda nannte, zeigte sich auf Fragen hin verschlossen. Der Zeitzeuge vermutet, dass Frau Schönmann selbst nicht mehr genau zwischen Legende und Wahrheit zu unterscheiden vermochte. Vermutlich wollte sie auch nicht an verfängliche Einzelheiten der Vergangenheit erinnert werden.

Wobbe richtete 1957 in den Räumen seines Hamburger Anwesens ein Billy-Jenkins-Museum ein, wo er als „Cowboy Charly" firmierte; die Anschrift lautete Rohlfsweg 18, Hamburg-Stellingen. Der pyknisch gebaute Mann veranstaltete gemeinsam mit dem Kulturkreis Stellingen-Eidelstedt vom 29. März bis zum 9. April 1959 im Gemeindehaus die erste Billy-Jenkins-Ausstellung; sogar in einer Stellinger Apotheke erfolgte parallel eine „Kleine Billy-Jenkins-Schau". Wobbe hatte vorher in der „Deutschen Circus Zeitung" vergeblich eine Suchanzeige nach dem verschollenen „Kaiser-Maximilian-Sattel" gesetzt. Eine Fernsehredaktion wurde auf das Thema aufmerksam und berichtete in der Sendung „Das Jugendmagazin". Häufig informierten Zeitschriften über die Hamburger Farm. Wobbe, wie Jenkins begeisterter Tierliebhaber, erlernte von seinem Vorbild die Falknerei und hielt auf seiner Billy-Jenkins-Farm Greifvögel. Zu Beginn der sechziger Jahre wurde das Museum aufgelöst, da viele Diebe zugegriffen hatten. Wobbe, der oft in finanzieller Notlage war, verkaufte die Sammlung, zu der Jenkins-Equipment wie eine Longhorn-Sitzmöbel-Garnitur von 1860, ein handgeknüpfter Seidengobelin, ein präparierter Steinadler, Bögen, Pfeile, Indianerhauben, Perlenwesten, Armstulpen, ein Sombrero sowie viele andere fremdartige Gegenstände gehörten. Am 6. April 1995 starb Friedrich Carl Wobbe, er ist auf dem Friedhof von Siebenbäumen (Schleswig-Holstein), zwischen Bad Oldesloe und Ratzeburg, beerdigt. Im Auftrag von Frau Wobbe übernahm der in Hamburg-Bergedorf lebende Hans-Jürgen Hubl die Veräußerung des Nachlasses. Große Teile der Sammlung gingen an einen Kieler Indianerverein, zahlreiche Exponate wurden weiterverkauft.

Der Oldenburger Schuhmachermeister Harry Maacken (Jahrgang 1934) erwarb in den sechziger Jahren viele Teile der Sammlung. Maacken, größter Wildwest-Waffensammler Norddeutschlands, besaß wie Wobbe einen Jagdschein, sie tauschten Waffen miteinander aus. Maacken erwarb unter anderem die vernachlässigten Rinderhorn-Möbel und übergab sie einem Polsterer zur Reparatur. Die ledernen Gegenstände der Sammlung, zum Beispiel die Revolvergürtel, reparierte der Fachmann sachkundig. Die große Wildwest-Sammlung mit zahlreichen Exponaten aus dem Besitz von Jenkins war zunächst in Bad Segeberg, dann im „Hansapark" Sierksdorf an der Ostsee zu sehen. Das Wildwest-Museum fungiert dort als angemietete Schau des Vergnügungsparkes. Liebhaber von Jenkins-Andenken offerieren deren Eigentümern stattliche Geldsummen, sodass Einzelstücke der Sammlung über ganz Europa verteilt sind.

Nach Ablauf der Grabfrist 1984 sollte Billys Beerdigungsplatz eingeebnet werden. Die Jenkinsianer, eine Fan-Gemeinde mit hoher emotionaler Zuneigung zu dem Künstler, konnte dies verhindern. Heute ist das Grab auf dem Friedhof Melaten in Köln, auf dem anfangs ein einfaches Holzkreuz stand, durch eine Marmorplatte geschmückt, auf der die Lebensdaten und der markante Schriftzug verewigt sind.

Die Grabpflege übernahm seit Mitte der sechziger Jahre der Kölner Blumenhändler Helmuth Frömbgen, der seit seinem zehnten Lebensjahr das Westernhobby betreibt. Billy Jenkins war sein Jugendidol. Durch einen Freund seines Vater, den Kraftsportartisten Jonny Winterberg, lernte Frömbgen Anfang der fünfziger Jahre Jenkins persönlich kennen. Winterberg besaß ein Quartier in einer alten, stillgelegten Kiesgrube in Leverkusen, wo Billy häufig Gast war. Der Knabe, der das Wohnquartier gemeinsam mit seinem Vater besuchte, begegnete Jenkins dort: Seit diesem Tag war nicht mehr Karl May, sondern Billy das große Idol. Der Dresseur trainierte auf dem Gelände seine Greifvögel, was dem Knaben wie die Privatvorstellung eines Zirkus vorkam. Helmuth Frömbgen durfte dieses Vergnügen sogar mehrmals genießen. Er schrieb in einem Brief an den Verfasser vom 11. Oktober 1998:

„Er war ein Mensch, der geduldig Fragen beantwortete, aber auch unwirsch sein konnte, besonders wenn ihn die Schmerzen plagten. Zu seiner Beerdigung auf dem Kölner Friedhof Melaten bin ich mitgegangen und hatte Tränen in den Augen. Erst 1965, ich hatte mich in Köln als Gärtner und Florist selbständig gemacht, fiel mir Billy Jenkins und Melaten wieder ein. Friedhofsinspektor A. Schorn zeigte mir auf meine Bitte die Ruhestätte von Billy Jenkins, und seit dieser Zeit pflege ich, mit noch anderen Hobbyfreunden, das Grab. Laut Auskunft von Schorn ist mit einer Einebnung nicht zu rechnen, denn die Nutzungszeit ist bereits 1984 abgelaufen. Die Stadt Köln ist bei Gräbern von bekannten Persönlichkeiten, solange die Ruhestätten in Ordnung gehalten werden, großzügig. Billy Jenkins Name ist in Schreibschrift, seiner Unterschrift nachempfunden, in dem Grabstein eingeschlagen.

Zur gleichen Zeit lernte ich Albert Schweinsberg kennen. Er war lange Jahre Billy Jenkins Schneider u. Perlensticker. Laut seiner Aussage stammen alle bestickten Kleidungsstücke (Westen, Handschuhe etc.) von ihm. Von Albert Schweinsberg sind auch die zwei

Ausstellungsstücke [der Berliner Ausstellung 1998; d. Verf.]: die bestickte Reisetasche und die Messerscheide. Die Teile sind aus Billys Besitz bzw. für ihn angefertigt worden.

Anfang der siebziger Jahre lernte ich Carola Williams kennen, die Chefin von Zirkus Williams-Althoff, erst als Kundin, später auch privat. Billy Jenkins ist in Köln im Winterquartier Aachener Straße aufgetreten. Carola Williams konnte sich gut erinnern. Albert Schweinsberg war ihr auch noch bekannt als der Zirkus-Schneider und Indianerdarsteller beim großen Finale. Als der Zirkus aufgelöst wurde, ging Albert Schweinsberg als Schneider zur Bundeswehr. Auf einem Begräbnisbild von Billy Jenkins ist er besonders gut zu sehen.

Carola Williams verkaufte ihr Winterquartier und alle Zirkusnummern, z. B. ging die Elefantennummer nach Amerika. Da Carola Williams mein Hobby kannte, schenkte sie mir den Gürtel [Coltgürtel von Billy; d. Verf.]. Ich hatte noch mehr Dinge von Billy Jenkins, gekauft von Albert Schweinsberg, leider habe ich sie abgegeben."

Einer der wenigen Zeitzeugen, die Billy Jenkins, Harry Morche und Patty Frank noch persönlich kannten, ist der Dresdner Johannes Hüttner (Jahrgang 1914). Der Hobby-Indianist, der seine Liebhaberei seit 1921 betrieb, las Coopers Lederstrumpf-Romane und wollte in jugendlicher Begeisterung das Unrecht, das man den amerikanischen Ureinwohnern angetan hat, wieder gutmachen. Anfang der zwanziger Jahre fanden acht Personen zu einem Indianer-Verein zusammen, Hüttner war der Jüngste dieser Gruppe. Die Freunde wohnten in der Nähe des Karl-May-Museums, was ihren Absichten sehr entgegenkam, zumal sie in der „Villa Bärenfett" Patty Frank kennen lernten.

Ein Höhepunkt der Wildwestbegeisterung war der Auftritt von Sarrasanis zweiter Indianergruppe um Häuptling „Black Horn", dem Hüttner nach eigener Aussage „mit dem Kopf in den Bauch gerannt ist, als ich auf Erkundung im Wohnblock unserer Wahlverwandten war". Im Jahre 1930 wurde der Indianerclub Old Manitou gegründet, aus dessen Mitgliedern sich viele der bei Sarrasani und auf der Felsenbühne Rathen auftretenden „Indianer" rekrutierten. Hüttner schmunzelt, wenn er Fotografien vom Zirkus sieht, auf denen „waschechte Sachsen" ernsthaft als Sioux-Krieger genannt werden. Es gibt Fotos, die Jenkins in Dresden mit Indianern zeigen, diese „Krieger" sind in Wahrheit die Clubmitglieder Harry Morche und Paul Kunze.

Aufgrund elterlichen Druckes stellte Johannes Hüttner sein Steckenpferd in den Hintergrund und landete beim Radrennsport. Es folgten frühe Einberufung in den Krieg und „Stalingradgefangenschaft". Hüttner kehrte 1950 heim nach Dresden und kämpfte sechs Jahre lang gegen die misstrauischen DDR-Behörden um Neuzulassung des Indianerclubs Old Manitou, welcher der älteste Verein in Ostdeutschland wurde. In dieser Zeit erhielt der Hobby-Indianist einen Kriegsnamen, Häuptling Powderface. Hüttner, der Herbst 1998 aufgrund eines Herzinfarktes in ein Dresdner Krankenhaus kam, berichtet, dass Patty Frank Pate seiner Tochter Evelin war. Der Dresdner kannte Billy Jenkins sehr gut, der „immer etwas abgehoben war (...) Der Billy, der war auch nie ohne Harry Morche zu sehen (...)".

Einer der interessantesten Nachfolger von Billy Jenkins ist der deutschstämmige Kanadier Frank Holt. Der in Calgary lebende Holt, norddeutscher Herkunft, lernte in frühen Jahren das Kunstreiten und wanderte unter anderem aufgrund der Lektüre von Jenkins-Romanen in den „Wilden Westen" Kanadas aus. Während seiner Ausbildung in Lübeck lernte er 1952 bei der Dompteuse Lotte Walther Sarrasanis Pressechef Gustav von Hahnke kennen, der „dicke Brillengläser und wirres, graues Haar" hatte. In Calgary, wo alljährlich die gleichnamige Stampede stattfindet, arbeitet Holt als Trick-Roper in der Nachfolge von Billy Jenkins. Holt recherchiert seit vielen Jahren vergeblich wegen Auftritten von Jenkins in USA oder Kanada. Er erhielt auf jede Anfrage, zum Beispiel beim Circus World Museum in Baraboo/Wisconsin, bei Barnum und Bailey und vielen amerikanischen Museen, Rodeos und Zirkussen nur negative Bescheide. Holt nennt Billy scherzhaft neben Münchhausen und Karl May einen der großen Lügenbarone. Oktober 1999 besuchte der Trickroper Billys ehemalige Villa in Konradshöhe und besichtigte die Reinickendorfer Jenkins-Sammlung.

In Frechen bei Köln lebt ein Falkner, der Nachfolger von Jenkins im Bereich der Greifvogeldressur ist. Der Trapper- und Indianerfan Wilhelm Linz (Jahrgang 1940), gelernter Elektriker, begegnete als Junge Jenkins persönlich. Sein Großvater Karl Brand, rheinischer Falknermeister, erweckte bei Linz die Freude an der Abrichtung von Beizvögeln. Heute ist er, wie einst Jenkins, Mitglied im Deutschen Falknerorden und versteht sich in dessen Tradition der Greifvogeldressur. Linz fertigt als Lederbildhauer Repliken mittelalterlicher Falknerutensilien und Wildwest-Equipment an; er besitzt außerdem eine der größten privaten Indianersammlungen. Der erfolgreiche Züchter von Schlittenhunden ist als „Huskys Wildwest-Show" in vielen Teilen Deutschlands bekannt. Die Show gastiert in Einkaufszentren und auf Country-Veranstaltungen. Am Berliner Jenkins-Erinnerungsabend Dezember 1998 war „Husky" neben seinem Freund, dem Halb-Cheyenne „Hunting Wolf", der Überraschungsgast. In den fünfziger Jahren war übrigens der Künstler Billy Karaltini unmittelbarer Nachfolger von Jenkins im Bereich der Greifvogeldressur und Cowboy-Artistik.

Jenkins und Patty Frank waren Gründungsmitglieder des Spandauer Cowboy-Clubs Old Texas e. V. Berlin 1950 – eine Fortsetzung der Reinickendorfer Billy-Jenkins-Farm –, dem ersten Western-Verein der Hauptstadt. Nachdem Billy Konradshöhe verlassen hatte, wollten die Berliner „Cowboys" ihr Hobby fortführen. Erster Vorsitzender des 1950 gegründeten Western-Vereins war Ewald Bünger alias Al Jennings, zweiter Vorsitzender Erich Döge (1925–1994). Ab 1954 übernahm Fritz Walter alias Ben Destry das Zepter bei den Siemensstädter Cowboys. In den Jahren 1961 und 1964 spalteten sich vom Cowboy-Club Old Texas Konkurrenzvereine ab, wie die Arizona Cattle Drivers, deren Gründer und Vorsitzender der Spandauer Curt-Dietrich Asten alias Ted Asten war. 1964 entstand außerdem die Interessengemeinschaft für Nordamerikanische Völkerkunde Berlin e. V., die sich auf Hobby-Indianistik spezialisierte. Im gleichen Jahr wurde der Kreuzberger Western-Verein Cowboy and Indian Club Great and Old West e. V. gegründet. Auch in Ost-Berlin existierten zwei Indianistik-Gruppen.

Ein Jenkins-Fan aus Offenbach am Main, zugleich Kenner der Geschichte des amerikanischen Bürgerkrieges, hat zwei Billy-Jenkins-Sonderbände veröffentlicht. Die Hefte erschienen im Format der Vorkriegsausgaben unter dem Pseudonym William Tex – Name einer Cowboy-Romanfigur der dreißiger Jahre – beim österreichischen Verlag Karl Ganzbiller (Wilfersdorf). Die Titel lauten „Es reitet das Grauen. Wie alles begann" (1992) und „Captain Phil Morel und die Herz-Ranch" (1996). Die Bände tragen wie früher am linken oberen Heftrand ein Brustbild von Jenkins sowie als Titelbild aktionsreiche Darstellungen aus dem Wildwest-Milieu. Unter dem Haupttitel „Die Abenteuer des Billy Jenkins" entfaltet William Tex spannend-düstere Handlungen, die in der Zeit des Sezessionskrieges angesiedelt sind. Der Deutschamerikaner Jenkins kämpft zwischen den Fronten der Nordstaaten-Armee und den Konföderierten, wobei der Autor Position für die Südstaatler bezieht. Handelten die frühen Jenkins-Bände in den zwanziger und dreißiger Jahren des zwanzigsten Jahrhunderts, so ist der Romanheld nun fast siebzig Jahre in die Vergangenheit zurückversetzt.

Seit Dezember 1998 wird vom Verfasser die „Billy-Jenkins-Sammlung Berlin-Reinickendorf im Auftrag des Kulturamtes" verwaltet. Die Sammlung ist ehrenamtlich und bemüht, durch biographische Forschung und mediale Präsenz die Öffentlichkeit auf die kulturgeschichtliche Bedeutung von Jenkins hinzuweisen. Außerdem gibt es viele private Sammlungen, wie das Billy-Jenkins-Archiv in Bremen.

Spezialgeschäfte für Romane bieten nicht nur Originalhefte der fünfziger und sechziger Jahre an, sondern auch Vorkriegsausgaben. Da die Serie der dreißiger Jahre weiterhin einen erheblichen Sammlerwert und Kultstatus besitzt, werden in Österreich hergestellte Nachdrucke angeboten. Bereits 1976 produzierte der Verlag Abi Melzer einige Replikate. Der Norbert Hethke Verlag in Schönau/Baden-Württemberg verfügt über die Urheberrechte an den von Gert Frits Unger verfassten Jenkins-Romanen, um Teile der Serie neu aufzulegen. Die Nachdruckrechte für die Bücher und Romanhefte liegen bei den Autoren respektive deren Erben; die Rechte an den Titelbildern gehören den Zeichnern beziehungsweise deren Rechtsnachfolgern. Neu geschriebene Billy-Jenkins-Sonderhefte wurden 1998/99 vom Verlag Rainer Schelper in Celle herausgegeben. Das Heft „Billy Jenkins. Sein Leben in Bildern", vom Schelper-Verlag 1998 mit liebevollen Zeichnungen des Gelsenkircheners Manfred Schneider ausgestattet, gibt allerdings einen überholten Wissensstand wieder.

Der Vermarktung des Themas Billy Jenkins sind Grenzen gesetzt, denn es wächst keine neue Fan- oder Lesergemeinde nach. Ein spezielles Interesse haben Artistengeschichtler sowie – in Berlin, Dresden, Hof und Köln – Heimatkundler. Filmproduktionsfirmen sehen einen modernen Ansatzpunkt des Themas darin, Jenkins als Beispiel einer jüdischen Künstlerexistenz im Dritten Reich, also als kulturgeschichtliches Thema zu behandeln. Darüber hinaus könnten die Facetten der Kultszene, die sich um Jenkins gebildet hat, von allgemeinem Interesse sein.

V. Epilog

Die Begeisterung der Jenkins-Gemeinde beruht zum großen Teil auf der Erinnerung an die fünfziger Jahre. Serienhefte wie Tom Prox, Pete und Billy Jenkins wurden damals von vielen Jugendlichen gelesen, ja geradezu „verschlungen". Die Publikationen wurden selten gekauft, denn die Romane waren für die meisten Kinder unerschwinglich. Man suchte Leihbibliotheken auf und vertiefte sich regelmäßig in die exotische Abenteuerwelt des Helden. Der ästhetische Lustgewinn war derart erheblich, dass die Reminiszenz noch heute ein Antrieb zur Beschäftigung mit dem Thema ist. Erinnerung an das vermeintliche oder wahre Glück der Kinderjahre ist ja oft ein Motor für Sammelleidenschaft und Enthusiasmus. Die zu Beginn der sechziger Jahre aufkommende Karl-May-Welle setzte dem Jenkins-Kult ein Ende. Neue Helden erlangten in Wort und Bild das Interesse des Publikums. Die verfilmten Winnetou-Geschichten waren zwar ebenso märchenhaft wie diejenigen von Jenkins, aber sie erreichten einen Kultstatus, welcher der Romanserie in dieser Form nie beschieden war. Der mythische Kampf zwischen Gut und Böse fand seine Fortsetzung als Farbfilm in CinemaScope mit einem einschmeichelnden Soundtrack. Mit dem Auslaufen der Heftserie geriet der Name Billy Jenkins aus dem Blickfeld der Öffentlichkeit. Die Identität des Artisten mit dem Romanhelden war für das aufgeklärte Publikum ohnehin nicht mehr gegeben. Mit der Romanreihe verschwand auch die Frage nach der realen Person, die der erfolgreichen Serie den Namen gab.

Der Blick auf Leben und Wirkung von Jenkins zeigt einen Menschen, der eine ausgeprägte Neigung zu Selbststilisierung besaß. Zirkusmilieu, Abenteuerwelt und Groschenheft-Romantik waren seine Mittel, die Tristesse des Durchschnittsbürgers in eine Zauberwelt zu verwandeln, der Phantasie Gestalt zu geben. Erich Rudolf Otto Rosenthal hat seinen Traum vom exotischen Dasein in der Wirklichkeit ausgelebt, einen Spielraum für die Imagination geschaffen. Von Jenkins wurde die Suggestion unterstützt, er habe die Romanabenteuer selbst erlebt. Seine Fassade als Cowboy-Held wollte er makellos erhalten wissen, auch durch Verleugnung der eigenen Herkunft. Die kommerzielle Interessenlage für den Artisten, seine Arbeitgeber bei Zirkus- und Varieté sowie seine Verleger war klar: Nicht die widersprüchliche Künstlerexistenz, sondern die glamourhafte Fassade eines Glitzercowboys brachte Geld in die Kasse. Die Fans bezahlten (und bezahlen) für das phantastische Äußere. Dennoch wird seit einigen Jahren vereinzelt nach der Person hinter der Kulisse gefragt. Diese zu ergründen ist deshalb schwierig, weil nach wie vor eine Interessenallianz zwischen Fans und Verkäufern von Jenkins-Heften und Devotionalien besteht. Viele Jenkinsianer wollen gar nicht so genau wissen, wie ihr Held in Wirklichkeit war, weil sie Peinlichkeiten vermuten. Es zeigt sich indes, dass – ähnlich wie bei Karl May – Mythos und Realität gut nebeneinander bestehen können, dass beide Sphären ihre eigenen Gesetze und Legitimationen besitzen und von aufgeklärten Fans differenziert eingeordnet und toleriert werden: Einsichten in die Schattenseiten der Wirklichkeit bestärken eher den Glanz des Mythos.

Der Namenwechsel von Rosenthal zu Fischer und Jenkins spiegelt eine Persönlichkeit wider, die nicht frei von einem hohen Ausmaß an Eitelkeit war. Mit psychologischen Begriffen würde man bei Jenkins von einer narzisstisch besetzten Libido sprechen. Seine Neigung zu Ichbezogenheit und Selbststilisierung deutet auf Umkehrung der Richtung des Sexualtriebes auf den eigenen Körper, des Rückzugs der Libido auf das Subjekt hin. Die Fixierung auf sich selbst, die Neigung zur Mythisierung der eigenen Person geht einher mit einem oft durchbrechenden Zynismus und einem ausgeprägten Überlebenswillen, der narzisstisch geprägten Personen häufig eigen ist. Ebenfalls in diese Richtung weist die ödipale Neigung, die aus seinem Verhältnis zu den Eltern deutlich wird. Jenkins erhob die Träume von Exotik und Wildwest zu einem Leitfaden seines Lebens, das berufliche und persönliche Identität miteinander verwob. Nicht zu übersehen ist bei ihm die psychologische Tendenz, Wirklichkeit und Fiktion miteinander zu vermengen. Die Psychologie bezeichnet diese Disposition als „pseudologia phantastica"; es handelt sich um die gegenüber dem Durchschnittsbürger verminderte Fähigkeit, Imagination und Realität klar zu unterscheiden. Diese Neigung wird von Kindern ausgelebt, und man kann Jenkins als „erwachsenes Kind" bezeichnen, der Artist überwand nie eine infantile psychologische Disposition. Diese Persönlichkeitsstruktur hatte er mit „Träumern" wie Karl May gemeinsam, ebenso die Kinderlosigkeit, welche vermutlich die Zuneigung zu Kindern begünstigte.

Einschätzungen von Jenkins Verhältnis zum Nationalsozialismus sind bisher meist von Unkenntnis, Ignoranz und Vorurteilen bestimmt. Heinz Müller sieht in ihm einen „glühenden Antifaschisten", der von den Machthabern des Dritten Reiches verfolgt wurde; einige Artistengeschichtler betrachten ihn als „Nazischwein", während der größte Teil der Fans und Autoren das Thema verunsichert ausklammert. Für Jenkins Verhältnis zum Nationalsozialismus gilt aufgrund des vorliegenden Materials die Formel, dass der Artist auf jeden Fall seine Identität als Billy Jenkins bewahren wollte – ob mit oder ohne Nazis. Er war im Grunde seines Wesens unpolitisch und durchschaute nicht einmal ansatzweise die gesellschaftlichen Zusammenhänge seiner Zeit. Es bestand bei Jenkins nur eine lose Einbindung in die Parteistrukturen, die ihm stets fremd blieben und vornehmlich als Hort vor den Zugriffen der Obrigkeit dienten. Der Artist war zu sehr Einzelgänger, als dass er sich für disziplinierte Parteiarbeit geeignet hätte. Gleichwohl scheute er sich nicht, sein Haus den Parteigenossen zu öffnen. Billy Jenkins war weder Antifaschist noch Nationalsozialist, denn er war ein unpolitischer Mensch, ein Opportunist par excellence, der vor allem eines sein wollte: Der Star Billy Jenkins.

Der Künstler ist von antisemitischen Tendenzen nicht freizusprechen. Er äußerte sich in Privatbriefen zuweilen in rüden Invektiven gegen seinen Vater oder seine Stiefschwester Else. Dieser bei Leuten jüdischer Abstammung nicht seltene Antisemitismus kam bei ihm voll zum Tragen und kann auch nicht durch den Hinweis entkräftet werden, er habe sich in der Nazizeit lediglich notgedrungen gegenüber Behörden derart geäußert. Antijüdische Ausfälle treten ebenfalls in Privatbriefen auf, wo er hätte darauf verzichten können. Bei Jenkins ausgeprägt ödipaler Neigung war die Ablehnung des Semitischen zugleich ein Angriff gegen den verhassten Vater und eine Liebesbezeugung zur Mutter. Insofern bot die nationalsozialisische Weltanschauung eine politische Legitimation für die ödipale Grundstruktur seiner Person.

Jede Beurteilung von Billy Jenkins muss berücksichtigen, dass er von Beruf Künstler war. Obwohl er beim heutigen Publikum vor allem als Titelheld der Romanserie bekannt ist, bedarf Jenkins der artistengeschichtlichen Einordnung, die zugleich als Grundlage zur Entmythisierung seines Lebens dient: Wenn die wirtschaftlichen Erfordernisse der Vermarktung des „Westmannes" in den Hintergrund getreten sind, können endlich die wirklichen Lebenszeugnisse befragt werden: Er begann seine Karriere mit dem Namen „Erich Süssmilch" als Kunstschütze, eine Disziplin, die wegen ihrer vielfältigen verblüffenden Tricks ein geeigneter Einstieg für einen ambitionierten Jung-Artisten war. Um die Jahrhundertwende mit der allgemeinen Begeisterung für den „Wilden Westen" war einem Schützen im Cowboy-Outift der Erfolg sicher. Wir erinnern uns, dass auch der schießtechnisch vollständig unbegabte Stosch-Sarrasani aufgrund vieler Bluffs Erfolg mit dieser Darbietung hatte. Erich nahm ab etwa 1908, mit mehreren Varianten, den Namen „Billy Jenkins" an und reüssierte als Kunstschütze. Jenkins erlernte Disziplinen wie Messer- und Lassowerfen sowie die Handhabung der Bullenpeitsche und das Kunstreiten. Er trat Anfang der zwanziger Jahre im Mittelmeerbereich auf, wo die Verwendung von Präzisionswaffen – anders als in Deutschland – erlaubt war.

In der zweiten Hälfte der zwanziger Jahre, als Jenkins fast nur in Deutschland auftrat, wurde sein Name derart berühmt, dass die Aufnahme in die Stosch-Sarrasani-Heftreihe und die Vermarktung von Jenkins-Souvenirs erfolgte. Damals begann er mit der Dressur von Greifvögeln, diese Fertigkeit wurde im darauf folgenden Jahrzehnt gleichsam sein Markenzeichen. Jenkins setzte in seiner Blütezeit 1933–1939 immer häufiger neben seinen Schieß- und Reitkünsten auf die Darbietung von Dressurtricks mit kleinen und großen Vögeln.

Der Beginn des rapiden körperlichen Verfalls lässt sich bei Jenkins genau datieren: Es war der Tag des Brandunglückes am 26. August 1940. Von diesem Ereignis, Jenkins war damals 55 Jahre alt, erholte er sich nie mehr, und seine zukünftigen Auftritte waren nicht mehr von dem Glanz und der Energie begleitet wie diejenigen der zwanziger und dreißiger Jahre. Immerhin trat Jenkins bereits sieben Monate nach dem Unfall im Sarrasani-Bau in Dresden auf, aber die Jahre zwischen Kriegsende und 1949 waren abwechselnd von Wanderungen und Krankenhausaufenthalten geprägt. In Köln war Jenkins Invalide, nach eigenem Bekunden nur noch ein Schatten seiner selbst. Zeitzeugen berichten, dass der kranke Artist in seinem Wohnwagen neben dem Tisch stets eine Sauerstoff-Flasche aufbewahrte, deren Schlauch er häufig benutzte, da er wegen Bronchialasthmas auf künstliche Sauerstoffzuführung angewiesen war. Der Tod war eine Erleichterung für ihn.

Das artistengeschichtliche Hauptverdienst von Jenkins bestand darin, eine für das Publikum attraktive, mythische Gestalt geschaffen zu haben, welche in die Trivialliteratur Eingang fand. Dieses Phänomen, dass ein leibhaftiger Künstler sich mit einem Nimbus derartigen Ausmaßes umgibt, war bis dahin nur von Karl Mays Old-Shatterhand-Legende bekannt. Einzigartig war die Darbietung seiner Adlerdressur, wie sie das deutsche Publikum bis dahin noch nicht gesehen hatte. Cowboy-Artisten gab es eine Menge in der ersten Hälfte dieses Jahrhunderts, aber niemand präsentierte bis dahin Greifvögel derart gekonnt.

Das eigentliche Geheimnis von Jenkins Erfolg bestand darin: Er war ein Genius der Selbstvermarktung, ähnlich wie Buffallo Bill. Der Artist konnte wie kein anderer Fiktion und Realität verquicken und durch den Zauber Erfolg erzielen. Die Welt war für Jenkins eine Bühne, auf der er vor begeistertem Publikum seine eigene Legende schuf, und die Fan-Gemeinde akzeptierte die Fiktion bereitwillig. Der Mythos ist indes nicht der Realität entrückt, sondern erschafft eine neue Wirklichkeit: Real ist, was eine Wirkung ausübt.

162

VI. ANHANG

Zeittafel

1885, 26. Juni: Erich Rudolf Otto Rosenthal (Künstlername: Billy Jenkins) wird unehelich in Magdeburg-Altstadt geboren. Die Eltern sind der Artist Georg Rosenthal, am 30. Oktober 1865 in Berlin geboren, und Elfriede Fischer, die am 18. März 1866 in der damaligen ostbrandenburgischen Stadt Schneidemühl zur Welt kam.

1890, Juli: Ein Onkel seines Vaters, Polizeirat von Berlin, ermöglicht dem Knaben während des Aufenthaltes der Buffallo-Bill-Show in Berlin, dem legendären Showstar persönlich zu begegnen (nicht dokumentiert).

Die **ersten zehn Lebensjahre** verbringt Erich bei den Eltern, die in den heutigen Berliner Bezirken Wedding, Mitte und Tiergarten wohnen.

Seit etwa **1900** betreibt Georg Rosenthal am Lehrter Bahnhof in Berlin das Marine-Panorama-Varieté unter seinem Künstlernamen Süßmilch.

Um **1900** soll Erich auf einer Weltreise nach Südafrika, Indien und China gewesen sein (nicht dokumentiert).

Eine zweite Reise um ca. **1904** soll Erich nach den USA geführt haben, wo er in einer Parade von Buffallo Bill ritt, eine Tante in New Orleans und einen Onkel in Texas besuchte (nicht dokumentiert; eine Teilnahme an der 101-Show oder anderen Rodeos konnte nicht nachgewiesen werden).

1906, 27. August: Georg Rosenthal erwirbt auf einer Zwangsversteigerung das Walhalla-Theater in Halle.

1907: Jenkins lernt seine Bühnenpartnerin Olly Egidy kennen.

1909, Juni: Jenkins gastiert als Kunstschütze Erich Süßmilch im

Berliner Rose-Theater; Ein Bühnenpartner ist der Berliner Max Schultze, der später Billys Stiefschwester Else heiratet. In dieser Zeit nennt er sich auch „Captaine Bill Jenkins".

1909, Juli: Rosenthal tritt als Erich Süßmilch im Walhalla-Theater seines Vaters in Halle auf.

1909, Oktober: Erich Rosenthal erscheint mit dem Künstlernamen Billy Jenkins auf einem Werbefoto der Rheinisch-Westfälischen Sprengstoff AG (Datierung umstritten; evtl. 1903).

1912, Dezember: Georg Rosenthal kauft das Grundstück in Konradshöhe.

1913, zweite Jahreshälfte: „La Belle Margo und Billy Jenkins" treten in Frankfurt am Main, Leipzig, Prag, Wien und Budapest auf.

1915 Frühjahr: Jenkins übernimmt in dem Harry-Piel-Film „Der Bär von Baskerville", der in den Union-Ateliers in Berlin-Tempelhof gedreht wird, die Lasso-Stunts.

1915 Jenkins meldet sich als Kriegsfreiwilliger und gehört der Marine-Division I an. Er wird zur Lazarett-Betreuung eingesetzt und organisiert im Seebad Ostende/Belgien gesellige Abende.

1919, 25. September: Konradshöhe, Habichtstraße 8 wird erster Wohnsitz von Georg und Elfriede Rosenthal, die bei den Tegeler Gaswerken arbeitet.

1920, Juni: Engagement in Wien, mit dem Zirkus Beketow in Italien.

1921, März: Er gastiert als Kunstschütze im Tivoli-Varieté in Hannover.

1922 spielt Jenkins in dem in Berlin produzierten Film „Die Ranch auf dem Pulverfass" mit.

1925–26 tourt Jenkins mit dem Zirkus Geschwister Birkeneder durch Deutschland.

1925 Auf einem Pfadfindertreffen in Köln begegnet Jenkins Tom Mix (nicht dokumentiert).

1925, Oktober: Jenkins gastiert mit dem Zirkus Geschwister Birkeneder auf dem Münchener Oktoberfest und in Nördlingen/Bayern.

1925 bis 1928: Die Rosenthals betreiben die baulichen Voraussetzungen zur Eröffnung des Cafés Süßmilch in Konradshöhe.

Mitte der zwanziger Jahre erscheint erstmals der Name Billy Jenkins in der Trivialliteratur, und zwar in der Reihe „Stosch-Sarrasani. Fahrten und Abenteuer". Die Vermarktung von Jenkins-Souvenirs beginnt.

1926: Begrüßung von Häuptling Black Horn mit Gefolge durch Jenkins.

1927, Januar: Auftritt in Leipzigs Varieté „3 Linden".

1927, April: Begrüßung von Häuptling Big Snake mit Gefolge durch Jenkins in Berlin und Dresden.

1927, September: Auftritt im Café Süßmilch in Berlin-Konradshöhe.

1927, Oktober: Auftritt in Berlin, Zirkus Alfred Schneider.

1928, Januar: Auftritt in Duisburg, Zirkus Alfred Schneider.

1928, Februar: Auftritt in Hagen/Westfalen, Zirkus Alfred Schneider.

1928, März: Auftritt Stuttgart Stadthalle, Zirkus Alfred Schneider.

1928, April–Juni: Aufenthalt im Café Süßmilch in Berlin-Konradshöhe.

1928, Juli: Auftritt in Poznan/Polen, Lunapark, sowie Warschau, Lunapark.

1928, August-September: Auftritt in Warschau, Zoologischer Garten.

1928, September-November: Auftritt in Krakau und Katowice/Polen, Lunapark.

1929, 16. Januar: Die Rosenthals erhalten die baupolizeiliche Genehmigung für die Eröffnung eines Restaurationsbetriebes.

1929, Januar: Jenkins tritt in der Berliner Scala auf.

Zu Beginn der dreißiger Jahre gastiert Jenkins bei den Zirkussen Belli und Hagenbeck sowie in den Varietés Astoria (Bremen), Hansa-Theater (Hamburg), Krystall-Palast (Leipzig), Schumann-Theater (Frankfurt am Main).

1930: Auf einer Tournee des Zirkus Belli nach Dänemark und Holland werden die ersten Jenkins-Hefte verkauft. Jenkins tritt im Kopenhagener Schumann-Bau und im Tivoli auf.

1932, 9. März: Georg Rosenthal stirbt im Berliner Krankenhaus Charité infolge Mastdarmkrebses. Jenkins hilft seiner Mutter in der Gastwirtschaft.

1933 wird Jenkins unter dem Namen Rosenthal Mitglied der NSDAP und tritt im März mit seiner Mutter der evangelischen Kirche bei.

1933 gastiert Jenkins beim Zirkus Sarrasani, unter anderem in Sachsen. Auf dieser Tournee lernt er vermutlich seinen späteren Assistenten und Requisiteur Harry Morche kennen.

1934, Februar: Jenkins nimmt offiziell den Familiennamen seiner Mutter – Fischer – an. Er hält sich in diesem Jahr meist in Konradshöhe auf und arbeitet als Gastwirt im Café Süßmilch. Dezember Auftritt in Bremen.

1934: Der Leipziger Dietsch-Verlag gründet die Romanserie „Die Abenteuer des Billy Jenkins".

1935, April: Jenkins tritt im Ballhaus Trichter in Hamburg auf.

1935, 25. Juni: Jenkins 50. Geburtstag.

1935, 10. Oktober: Jenkins Mutter, Elfriede Rosenthal, stirbt in Konradshöhe. Sie wird am 15. Oktober im Krematorium Berlin-Wedding eingeäschert. Bekanntschaft mit Frieda Schönmann, die seine Lebensgefährtin und Bühnenpartnerin wird.

1935, November: Engagement im Tivoli-Theater, Hannover.

1936 berührt eine Sarrasani-Tournee folgende Orte: Stettin, Neubrandenburg (Mai); Neustrelitz, Wittenberge, Hannover, Stendal, Brandenburg, Berlin-Spandau, Berlin-Prenzlauer Berg (Juni; Exerzierplatz Schönhauser Allee), Hildesheim, Aschersleben, Chemnitz (September), Leipzig, Halle (Oktober), Zirkus Busch (Berlin).

1936: Angeblich reitet Jenkins bei der Olympia-Parade mit. Vom 1. bis 16. August Auftritt bei Sarrasani in Berlin.

1936, September: Stiefschwester Else Schultze, geborene Rosenthal, beginnt einen Erbschaftsprozess.

1936, Dezember: Jenkins gastiert im Varieté Lindenhof in Zwickau.

1937 Jenkins gastiert mit Sarrasani in München (Januar), Wuppertal (April), Düsseldorf (Mai), Dresden (Juni); es folgen Preßburg und Ostrau/Tschechoslowakei, Belgien (Dezember in Gent). Jenkins-Nennung in Meyers Konversations-Lexikon.

1937/38 Jahreswechsel: Jenkins wegen Knöchelbruchs im Krankenhaus. Januar in Brüssel.

1938 Sarrasani-Tournee durch Österreich (Juni in Wien, September in Linz).

1938 werden die Umbauarbeiten im Konradshöher Haus beendet. Jenkins richtet die Billy-Jenkins-Farm ein, wo der erste Western-Verein Berlins gegründet wird.

1939, Januar: Jenkins tritt in der Berliner Plaza auf.

1939: Engagement bei der Doorlay-Revue: „Wunder-Rakete" im Operetten-Theater Leipzig, im Pfalzbau Ludwigshafen und als Lasso-Stunt in dem Film „ Der Brand im Ozean"; Hauptrolle René Deltgen.

1939, September: Die Jenkins-Romanserie wird eingestellt, da der Titelheld einen amerikanisch klingenden Namen trägt.

1939, Dezember: Jenkins gastiert in der Berliner Scala und in Militärlazaretten.

1940, März: Jenkins gastiert auf einer Tour durch Polen beim Zeltzirkus Micaela Busch in Schwiebus, Krakau und Warschau. Weitere Termine: bis 15. Juli Kielce, 16./17. Juli Skarzsysko-Kamienna, 18.–21. Juli Radom, 22.–25. Juli Lublin, 12./13. August Skierniewice, 14./15. August Tomaszow, ab 16. August Litzmannstadt

1940, Montag, 26. August: Brandunglück mit schweren Verletzungen. Einlieferung in das Krankenhaus Burgstadt.

1940, September: Krankenhausaufenthalt in der Privatklinik Dr. Mörkammer, Leipzig. Frieda Schönmann wohnt ebenfalls in Leipzig.

1941, Januar: Hans Stosch jun. widmet Jenkins sein Buch und schenkt ihm einen wertvollen Reitsattel.

1941, März: Jenkins tritt mit Harry Morche im Dresdner Sarrasani-Gebäude auf.

1942, Sommer: Jenkins gastiert im Raum Niedersachsen, August in Göttingen.

1943 setzt er sich mit seiner Lebenspartnerin und Bühnengehilfin Frieda Schönmann von Berlin nach Quedlinburg ab. September wirbt er in einem Inserat um Engagements.

1945, Januar: Auftritt im Apollo-Theater, Nürnberg.

1945, ab Februar: Aufenthalt in Hof/Saale, Sonnenplatz 6, später Luitpoldstraße 13. Jenkins wird Bürger der Stadt Hof.

1946, 17. März: Auftritt und Regie von Jenkins beim Purimfest in der Hofer Freiheitshalle.

1946, Dezember: Auftritt im Weihnachts- und Sylvesterprogramm der Hofer Freiheitshalle.

1947: Einlieferung in das Hofer Krankenhaus Dr. Bachmann, wo Jenkins erneut operiert wird.

1948, Februar: Zwölfseitiger handgeschriebener Brief an Familie Müller aus Quedlinburg, in dem Jenkins seine Verletzungen beim Brandunglück beschreibt.

1948: In der Sommersaison tingelt die Jenkins-Show durch Deutschland. Am 31. Oktober fragt Paul Wollenschläger, Chef des Uta-Verlages, bei Jenkins in Hof, Sonnenplatz 6, wegen einer Neuauflage der Romanreihe an.

1949, Juni: Erscheinen der Jenkins-Heftserie. Tour nach Darmstadt, Frankfurt/M., Karlsruhe, Neu-Ulm, Essen. Ab November Unterkunft im Stadion-Hotel, Köln-Müngersdorf, Militärringstraße 10.

1950, März: Die ersten Nachkriegsgroßbände erscheinen. Jenkins wohnhaft in Köln-Nippes, Mauenheimer Straße und Beuelsweg 6. Tour nach Aachen und Westfalen. Gerichtliche Auseinandersetzung zwischen dem Dietsch- und dem Uta-Verlag wegen der Neuauflage der Heftserie. Jenkins sagt am 5. August vor dem Amtsgericht Köln zugunsten des Uta-Verlages aus.

1951, 26. Juni: Radio-Interview mit dem NWDR.

1952: Tour mit dem Zirkus Olympia nach Westfalen (unter anderem Ahlen, Ennigerloh, Remscheid, Halver). Winterunterkunft in Köln-Ehrenfeld, Hornstraße 12.

1953: Jenkins verlässt aus Krankheitsgründen selten sein näheres Wohnumfeld in Köln-Nippes.

1954, 21. Januar: Jenkins stirbt in der Wohnung von Frieda Schönmann, Eifelstraße 14–16.

1954, 25. Januar: Der Artist wird unter Anteilnahme vieler Fans auf dem Friedhof Melaten in Köln beerdigt.

Literatur- und Quellenverzeichnis

Artistenwelt. Berlin 1940–1944 (Alleiniges amtliches Organ der Reichstheaterkammer, Fachschaft Artistik)

Bald, Albrecht: Jüdische Displaced Persons, Billy Jenkins und die Purimfeier des Jüdischen Hilfskomitees Hof im März 1946. In: Miscellanea curiensa. Beiträge zur Geschichte und Kultur Nordoberfrankens und angrenzender Regionen. Bd. II. Hof 1999, S. 95–111

Bundesarchiv (Berlin-Lichterfelde)

Das Programm. Berlin 1902–1935 (Artistisches Fachblatt; Organ der Internationalen Artistenloge IAL)

Das Organ. Düsseldorf-Berlin 1908–1935 (Fachblatt für den Internationalen Varieté-Theater-Direktoren-Verband)

Davids, Jens Ulrich: Das Wildwest-Romanheft in der Bundesrepublik. Ursprünge und Strukturen. 2. erw. Auflage. Tübingen 1975 (Volksleben; Bd. 24)

Demirci, Ayhan: Melaten. Mythos und Legenden. Der berühmte Kölner Friedhof in Geschichten und Anekdoten. Köln 1996

Der Artist. Düsseldorf 1883 ff. (Redaktion: H. W. Otto; seit 1909 nur noch Musiker-Zeitung)

Deutsche Artistenwelt. Berlin 1934 (Mitteilungsblatt des Reichsverbandes der Deutschen Artistik; nur 22 Hefte mit Beilagen: Das Programm, Nr. 1323-1331; das Organ, Nr. 1670–1678)

Deutsche Circus Zeitung (Journal der Gesellschaft der Circusfreunde Deutschland)

Die Deutsche Artistik. Berlin 1935–1940 (amtliches Organ der Reichsfachschaft Artistik in der Reichskulturkammer)

Friedhofsbücher des Krematoriums Berlin-Wedding (1932/1935)

Günther, Ernst: Sarrasani – wie er wirklich war. Berlin: Henschel-Verlag 1985

Günther, Ernst/Winkler, Dietmar: Zirkusgeschichte. Ein Abriss der Geschichte des deutschen Zirkus. Berlin: Henschelverlag 1986

Jansen, Wolfgang: Das Varieté. Die glanzvolle Geschichte einer unterhaltenden Kunst. Berlin 1990 (Beiträge zu Theater, Film, Fernsehen aus dem Institut des Theatermuseums der FU Berlin; Bd. 5)

Lamprecht, Gerhard/Deutsche Kinematek e. V. Berlin (Hrsg.): Deutsche Stummfilme (1903–1931). 9 Bde. und 1 Registerband. Berlin 1967–1970

Landesarchiv Berlin

Marton-Karoly, Leandro: Die Karolys. „Verebbter Applaus". Samira Verlag. Offenburg 1998

Mix, Paul E.: Tom Mix: a heavily illustrated biography of the western star, with a filmography. 1995

Müller, Kristiane; Urban, Eberhard (Hrsg.): Billy Jenkins, König der Cowboys. Frankfurt am Main 1987 (Tränen, Träume, Abenteuer)

Nutz, Walter: Der Trivialroman. Seine Formen und Hersteller. Ein Beitrag zur Literatursoziologie. Köln 1962

Polizeihistorische Sammlung von Berlin

Plaul, Hainer: Bibliographie deutschsprachiger Veröffentlichungen über Unterhaltungs- und Trivialliteratur vom letzten Drittel des 18. Jahrhunderts bis zur Gegenwart. Leipzig 1980

Plaul, Hainer: Illustrierte Geschichte der Trivialliteratur. Leipzig 1983

Raspini, Edoardo: Geh zum Teufel, Herr Direktor! Ein Artistenleben. Autobiographie mit zahlreichen Abbildungen. Frankfurt am Main: Haag und Herchen 1998

Schaaff, Martin (Hrsg.): Die Buschens – 100 Jahre Circus Busch – Bilder einer Circusdynastie. Archiv Circus Busch-Berlin 1984

Schmidtke, Werner G.: Billy Jenkins – ein wahrer Held. Wirklichkeit und Poesie eines ungewöhnlichen Lebens. Braunschweig 1979 (Texte zur Romanheftgeschichte; Bd. 2)

Seifert, Wolfgang: Patty Frank. Der Zirkus, die Indianer, das Karl-May-Museum. Auf den Spuren eines ungewöhnlichen Lebens. Bamberg-Radebeul: Karl-May-Verlag 1998

Stosch-Sarrasani, Hans: Durch die Welt im Zirkuszelt. Mit 33 Abbildungen. Berlin: Schützen-Verlag 1940

Trix, Jonny Markschiess-van/B. Nowack (Hrsg.): Artisten- und Zirkusplakate. Leipzig-Zürich 1976–1986

Wernsing, Armin Volkmar/Wucherpfennig, Wolf: Die „Groschenhefte". Individualität als Ware. Wiesbaden 1976 (Schwerpunkte der Germanistik)

Wobbe, Friedrich Carl: „Billy – König der Cowboys." Zauberkreis-Verlag/Rastatt. Serie Silber-Wildwest No. 761

Zaremba, Michael: Billy Jenkins – Besichtigung eines Mythos. Sonderheft der Karl-May-Gesellschaft Nr. 115. Hamburg 1998

Zeitungen/Zeitschriften (diverse Artikel)

Zensusakten: Laredo Webb County/Texas von 1910

Bildnachweis

Bildarchiv Joseph Donderer bei der Stiftung Preußischer Kulturbesitz (Berlin): 73, 74, 83, 90

Billy-Jenkins-Sammlung Berlin-Reinickendorf/Michael Zaremba: Frontispiz, 38, 41, 42, 45, 46, 49, 50, 55, 56, 69, 79, 85, 114, 115, 141, 143, 144

Henry Maitek (Köln): 108, 119, 122

Jonny Markschiess-van Trix (Berlin): Umschlagseiten, 27, 50, 87

Manfred Schneider (Gelsenkirchen): 58

Wolfgang Seifert (Berlin): 62, 63, 65

Zirkus-Busch-Archiv / Martin Schaaff (Berlin): 93

Zirkusmuseum Preetz: 32

Danksagung

Vorliegende Monographie verdankt ihre Entstehung weniger der Sekundärliteratur als den Aussagen zahlreicher Zeitzeugen und Jenkins-Experten. Der Autor versteht sich selbst als Chronist von Begebenheiten, die ihm von Ortskundigen und Kennern zugetragen wurden. Deshalb gilt mein Dank nicht in erster Linie den Autoren der vorhandenen Literatur, sondern denjenigen Personen und Institutionen, die mir bei der Ausarbeitung hilfreich mit Erinnerungen, Informationen und Bereitstellung von Dokumenten zur Seite standen.

Mein Dank gilt in alphabetischer Reihenfolge Monika und Hans-Otto Affolter (Berlin-Spandau), Bernd Arlinghaus (Dortmund), Curt-Dietrich Asten (Berlin-Spandau), Dr. Albrecht Bald (Selb/Oberfranken), Bauaufsichtsamt Reinickendorf, Udo Bergemann (Berlin-Reinickendorf), Hannelore Birghan (Berlin-Reinickendorf), Bildarchiv Joseph Donderer bei der Stiftung Preußischer Kulturbesitz (Berlin), Bundesarchiv (Berlin-Lichterfelde), Centrum Judaicum (Berlin-Mitte), Artur und Horst Daube (Berlin-Reinickendorf), Ayhan Demirci (Köln), Volker Demuth (Alberta/Kanada), Carl-Heinz Dömken (Rosche/Niedersachsen), Günter Feith (Köln), Gerhard Fischer (Röderau/Sachsen), Gerd Frank (Altötting/Bayern), Hannelore Freitag (Berlin-Reinickendorf), Gerhard Goltz (Berlin-Reinickendorf), Reinhard Hass (Berlin-Reinickendorf), Siegfried Heinzelmann (Mühldorf am Inn/Bayern), Helmuth Frömbgen (Köln), Gerhard Giese (Berlin-Reinickendorf), Ernst Günther (Dresden), Heimatmuseum Berlin-Tiergarten, Frank Holt (Calgary/Kanada), Johannes Hüttner (Dresden), Jens Kiecksee (Neuenkirchen/Niedersachsen), Krematorium Berlin-Wedding, Walter Knuth (Berlin-Reinickendorf), Landesarchiv Berlin, Christa Lefèvre (Berlin-Köpenick), Wilhelm Linz (Frechen/Nordrhein-Westfalen), Heinz Lüllmann (Bremen), Harry Maacken (Oldenburg), Henry Maitek (Köln), Erwin Müller (Föhren/Rheinland-Pfalz), Heinz Müller (Quedlinburg), Heinz Günter Muschner (Berlin-Zehlendorf), Artur Ott (Berlin-Charlottenburg), Wilfried Ott (Offenbach), Chuck Parsons (Yorktown/Texas), Polizeihistorische Sammlung von Berlin, Joachim Rennau jun. (Berlin-Steglitz), Hermann Sagemüller (Nördlingen/Bayern), Martin Schaaff (Circus Busch-Archiv/Berlin-Reinickendorf), Matthias Schalow (Berlin-Schöneberg), Horst Schattner (Berlin-Kreuzberg), Annemie Scherer (Köln), Manfred Schneider (Gelsenkirchen), Hagen Schweizer (Bamberg), Wolfgang Seifert (Berlin-Steglitz), Heinz Schultze (Berlin-Reinickendorf), Frau Sommerey (Berlin-Reinickendorf), Harry Spitzer (Hamburg), Stadtarchiv Lodz (Polen), Lieselotte Stemmler (Berlin-Reinickendorf), Jonny Markschiess-van Trix (Berlin-Mitte), Gert Frits Unger (Weilburg/Hessen), Ingeborg Voß (Berlin-Reinickendorf), Fritz Walter (Berlin-Spandau), Werner Welker (Oestrich-Winkel/Rheinland-Pfalz), Larry W. Wettstein (Köln), Johannes Wolframm (Erkerode/Niedersachsen), Gerhard Wrisch (Berlin-Schöneberg), Zirkusmuseum Preetz (Schleswig-Holstein).

Das Buch ist meinem Freund und Ratgeber, Jonny Markschiess-van Trix, gewidmet.

Dr. Michael Zaremba, Berlin-Konradshöhe, Oktober 1999

INHALT